20 世纪中国图书馆学文库·4

图书馆学

杨昭悊 编著

国家圖書館出版社

本书初版于 1923 年 9 月，据商务印书馆

1933 年 2 月第 1 版排印

蔡孑民先生序

　　一种事业，发达到一定的程度，便有产生一种有系统的理论。有了有系统的理论，那种事业的发达，才有迅速的进步。这是各种事业的通例，图书馆也就不在例外。我们国内藏书的事业，虽然在几千年前早已发起。而且几千年来，也是绵延不绝，一点一点的扩张。但是还没有到发生有系统的理论的程度，所以还没有图书馆学，因而全国图书馆发达的程度，也是有限。现在我们既得著国际上互助的便利，不必候一定的程度了。西洋各国，尤其是美国已经发布了很完备的图书馆学，且设了许多图书馆学校。我们只要有人肯到他们的学校去研究，肯多读他们的图书馆学，已经可以发达我们的图书馆，自己可以建设图书馆学校了。近年为图书馆问题，到美国去研究的，已有几人，杨君昭悊，就是其中之一。他想到有出洋研究的机会者，必定不多，而国内图书馆办事的人，却已经需要的很多，特地在出国研究以前，从自己读过的图书馆学，与关于图书的经验，辑成一书。对于图书馆职员的养成，经费的筹画与分配，书籍的购置保管与贷出，目录的编置，从村落的巡回到国际的互贷，从古代最幼稚的，到现今各国最复杂的情形，作明了的叙述，切实的判断。不但说其当然，并说明其所以然。在我国今日，真最应时势的好书。不但办理图书馆的人，一定欢迎，就是想享用图书馆的人，也是不可不读的。

十一，二，二七，蔡元培

戴志骞先生序

我国旧有之图书馆,对于搜罗保存,固已尽其能事,而欧美之于图书馆也,则不独加意于搜罗保存,而尤能使之活用于个人学校,以及于社会俾人人藉以增长智识,获其利益,其法诚美备矣。美国图书馆协会之格言有云"集最有用之书籍,施以最合经济之方法,以供给大众之应用。"诚近时图书馆管理之南针也。自欧美文化东渐以来中国教育逐渐推广,各种学术,均须参考研究,平民教育之声浪愈唱愈高,欲达普及教育研究学术之目的,则活用图书馆尚焉。庚申夏,北高师办有图书馆讲习会,虽值直皖之战,而各省图书馆员,前来听讲者,仍形踊跃,此可见国人对于改良旧有图书馆之积习,固甚亟也。讲演者只能就西文或日文图书馆学中之教材译而编之,以为讲演之资料,故对于改良本国图书馆一方面,未尽得其领要。杨君能见及此,不惮其烦,编有图书馆学,对于图书馆之原理,及应用之方法,无不条分缕析,而于建筑上及管理上,亦适用于我国之图书馆。吾知是书一出,其有裨于中国图书馆之前途者,实匪浅鲜。

十,十二,二十,珠溪戴超序

林宰平先生序

新近这两年,自动教育的声浪,仿佛已经遍满全国了。而一方面图书馆教育,热心的人还不多,读书先生们,对于需用图书馆的要求,似乎也不大注意,这岂非很矛盾奇异的一桩事情么?欧洲如德奥等国,当此新败之后,他们国内困难情形,实在比我国现状还不如,奥国尤其困苦到万分的了。然而柏林维也纳的大图书馆,还是办得整整有条,到馆看书的也非常之多,星期日尚且坐满一屋子的人,这种现象实在能令人感动。英法等国,和图书馆教育最进步的美国,那更不待说了。总之他们在图书馆方面,对于时间上,和活用上的经济,真是我们所亟宜取法的。

图书馆教育,是一种专门的学问,欧美社会所以能得图书馆的好处,完全是由于这种教育得来。我们中国目录之学早已发达,而图书馆学不但不发达,乃至如今还是这样幼稚,严格说来简直是没有,这是甚么缘故呢?(一)因为社会公共生活来得不惯,所以办图书馆的,也是收藏之意多,流通之意少。至于把他当做一种社会事业,认做一种重要学科,热心提倡或研究的人,自然是很少的了。(二)中学以上,实际仍旧是讲义的教育,因此学生可以不看参考书。教习多半兼许多钟点,拿一本旧讲义到处应用,没有工夫再看书。学界以外的人,能读书识字的如政客议员官吏商家之类,他们来到图书馆做甚?至于图书馆学,自更无人过问了。(三)我国出版界向来沈寂,著作者寥寥无几。凡不急于搜集参考书的人,自然对于图书馆很冷淡。外国书报既不大到中国来，兼通数国语言文字的人又很少。所有外国人觉得图书馆种种便利有用的地方，我国人大多数都没有这种感觉。以上为图书馆及图书学不发达之最大原因。余如经费人材等等，自然也是很有关系的。我们现在要排除诸种原因，第一要在图书馆教育上着手。

图书馆学这一个名词产生不久，他的年龄，不过比我们民国稍为长几岁罢了。至于我国人关于这一门专科的著作，除有一两种小册子外，杨君这一部新著，在今日算是最详备的了。当民国九年夏天，北京高等师范举校开了一回图书馆讲习会，杨君当时曾经译了一部图书馆学指南。现在又为尚志学会编成此书，整整费了一年多工夫，去年十一月杨君赴美研究图书馆学，临行时还把这部原稿带到路上校正一番，抵日本东京才把此稿寄回来，要我做篇序文，后来他到了美国加州来信，还提到序文一事。这部书的长处，书的本身已经很明显的表现出来，我只把杨君编著图书馆学的缘起，和我们读此稿时所发生的感想，大略一说。但望此后图书馆教育日益发达，海内注意的人，一天多似一天，我想杨君所最希望的，也就在这一点。

十一，三，一四，林志钧

编书人的序

去年北京高师开图书馆讲习会的时候,我本主张译书的,为什么现在又编书呢? 这里边有三种原因:

(一)外国图书馆学的著作,属于分科的多,属于通论的少,倘若把他译出来,只合于图书馆员参考,不足供一般人研究;

(二)外国图书馆学的著作,关于应用的多,关于原理的少,倘若把他译出来,只可供应用不能示提倡;

(三)外国图书馆学的著作,多半是发表自己的意见,或叙述本国的状况,倘若把他译出来,只能供参考,不能资比较。

有以上三种原因,所以我暂时不译书,率性就来编书。

中国各省图书馆数目,总共只有一百多个,比日本不过十分之一,比美国不过百分之一,其所以不发达的,实在因为缺乏这种学问。欧美各国,大学校或师范学校多设有专科,中学校或小学校也有这种课程,专门馆员固然有办理的技能,就是普通人民也有利用的知识,图书馆当然是发达无疑。

我这本书为推广我国图书馆的学问起见,要使无论何人,一看就知道图书馆的原理和应用。所以他的内容,先通论,后分科,学理技术,兼收并蓄,十分八九是参考各名家的著作,自己也参加十分一二的意见,来比较他们的理论,联贯他们的学说,贡献于国人之前,先得一个普遍的统系的概念。再由博而反约,精益求精,就是我编书的本旨和希望了。

十,十,十,杨昭悊

凡　例

（一）本书用科学的方法,说明图书馆的原理和应用,所以叫做图书馆学。

（二）本书共分八篇:第一篇第二篇,是关于原理的,第三篇到第八篇,是关于应用的。

（三）经费,建筑,设备,是经营图书馆的要素,所以列入第三篇。

（四）管理部,评议部,是组织图书馆的要素,所以列入第四篇。

（五）广义管理法本包含分类编目在内,因为他比较繁难,所以另立专篇。

（六）管理法比较复杂,说明也比较详细,占全书三分之一。

（七）第八篇以后,另有附录,记载中国关于图书馆的法规,作为创办图书馆的根据。

（八）本书内容除有不得已情形以外,概用中文,末尾附有《图书馆学用语英汉对照表》,预备能阅英文书籍的人参考。

（九）本书出于自己意见的十分一二,参考各家著述的十分八九,今把参考书的名称列举如下:

中文的

《图书馆指南》　　顾实著

《图书馆学指南》　　杨昭悊译

《中国各省图书馆概况》　　北京法政专门学校图书馆调查

《无锡县立图书馆汇刊》　无锡县立图书馆编
《浙江公立图书馆季报》　浙江公立图书馆编
《图书馆讲习会讲义》　北京高师图书馆讲习会集
　　日文的
《图书馆小识》　日本图书馆协会著
《图书馆管理法》　文部省著
《教育和图书馆》　植松安著
《图书馆教育》　田中敬著
《美国图书馆事情》　文部省著
《图书馆杂志》　日本图书馆协会发行
　　英文的

1. Ayres, L. P. and Mekimie, A. ：The Public Library and the Public Schools, Cleveland (Ohio) 1910.

2. Blades, W. ：The Enemies of Books, London, E. Iliot Stock, 1896.

3. Brown, J. D. ：Library Classification and Catalaguing, London, 1912.

4. Bostiwick, A. E. ：The American Public Library.

5. Cutter, C. A. ：Expansive Classification, Boston, 1891.

6. Clark, J. W. ：The Care of Books：An essay on the development of library and their fittings, from the earliest times to the end of 18 century, Cambridge University Press, 1909.

7. Dana, J. C. ：A Library Primer, Chicago, Library Bureau, 1913.

8. Dewey, M. ：Decimal Classification and Relative Index for Libraries, Clippings notes, etc. 9 ed. Forest Press, Lake Placid Club, Essex Co. , N. Y. , 1915.

9. Stewart, J. D. and Others：Open Access Libraries, London,

1915.

10. Soule, C. C. ; How to Plan A Library Building for Library Work, Boston Book Co. , 1912.

11. The Library Journal, New York.

这部书已于十九年十月把错落改正。至所用的分类号码,和著者号码,除英文系照杜威氏和卡特氏的以外,中文则用杜定友氏。但是最近也有刘衡如氏的,王云五氏的,用者可以认定一种就是了。并将十九年五月教育部所公布的图书馆规程,以及十八年一月中华图书馆协会所拟的组织大纲一并加入。

十九年十月二十日编书的人注

791.5	Sch	nitzler, Arthur.	
		Gallant Cassian.	(1925).

899.4	谢	六逸.	
717		俄德西冒险记.上海,商务.	
		民国十五年	
		94 页.	

791.5		Gallant Cassian.	(1925).
		Gow	ans, A. L.
little			
766			

3

目　　录

4

第一篇 总 论

第一章 图书馆的定义

图书馆的名辞现在用得很普及了,但是他的定义知道的人很少,不免发生许多误会。有人说:图书馆是图书的馆。这种循环定义,谬误已极,自不待言。有人说:图书馆是藏书的馆。这种定义仍然不明了。因为定义的目的是在说明他自己的特点,画清他和别的界线,世界上相类的事物极多,必在同德以外找出一种差德,藉以表示他的特质,使人明白他和别的事物不同,才算真正定义。若果说图书馆是藏书之馆,那末和书店里面的储藏室,图书馆里面的藏书室,简直没有什么区别。但是这种观念不单是现时中国人有的,就是西洋古代也是有的。

考求图书馆在西洋的原文,在英国是 Library,是从拉丁的 Liber 来的,有书籍的意思。在德国是 Bibliothek,在法国是 Bibliotheque,都是从希腊的 BiBλιov 和 Dηkη 来的。前面的字是书籍的意思,后面的字是地方的意思,合两字为一字,却有书籍地方的意思。那么我们说图书馆是藏图书之馆,也不算大错。不过这个名辞是很旧的,现在他的名辞虽然未改造,他的概念却是变迁了。我们要知道名辞是无白性的东西,概念虽然变迁,名辞可以仍旧不改。不过我们对于他现时所含的意义究竟不可不明白,不然就要生出以辞害意的毛病,不可不注意!

古代图书馆,本来以搜集图书保管图书为目的,只要图书搜集的多,保管得好,即尽办图书馆的能事,所以有人把他叫做储藏室。

到了现在就大大的不同,不但要保管,并且要活用。馆内所藏的图书,怎样能够使阅览人满足欲望,都是图书馆应有的任务。因此他的内容也就复杂了。我们对于他的观念,当然要改变,和以前不同。他的定义也不能像以前的那样简单。今把德国休叶氏所下的定义列在后面:

图书馆是搜集有益的图书,随着大家的知识欲望,用最经济的时间,自由使用的地方。

从这个定义看起来,图书馆实在包含两义:(一)要把有益的图书搜集起来保存在那里;(二)要把所搜集的图书随大众的需要自由活用。缺乏第一义,固然不能叫做图书馆,就是缺乏第二义,也不能叫做图书馆。从此我们可以知道前面所举的种种定义的谬误,和图书馆真正的意义了。

第二章　图书馆和图书馆学

　　向来一般人对于图书馆的谬见约有两种：（一）图书馆没有多大用处；（二）图书馆没有什么学问。现在随着一般的需要，图书馆日见发达，对于第一种谬见早已化除。惟第二种谬见，相沿至今多未改变。这种谬见不但普通人有的，就是专门学者也在所不免。他们把图书馆的定义看错了，以为就是一个藏书室，只要有几个识字的人照料收发就得，不要有什么学问。所以讲起图书馆的历史来，虽然有几千年，至于图书馆学到了近数十年才发明出来，要是说到中国更其幼稚了。

　　欧美各国图书馆学最发达的首推美国。他们把他当做一种专门学问，设立专门学校去学习他。其余的国家虽然没有设立专门学校，他们大学或师范学校里边也多有这种分科。我们中国图书馆既然不发达，图书馆学又无人研究。虽然有几册从日本译来的关于图书馆的书籍，也是语焉不详，偏而不全。想求一种原理应用俱备的图书馆学，可以说简直没有。

　　照历史上看来，事业发生在先，学问发生在后。先有图书馆，然后有图书馆学。必定图书馆发达，然后图书馆学才能发达。但是照统计上看来，学问发达，事业才发达。图书馆学最发达的国家，就是图书馆事业最发达的国家。必定图书馆学发达，然后图书馆越发的发达。美国图书馆学最发达，图书馆也最发达，这是人人都知道的。所以我们要使中国图书馆发达，非得先研究图书馆学。

研究图书馆学的作用,简单说有两种:

（一）可以增进办理图书馆的人能力;

（二）可以增进利用图书馆的人知识。

第一种是图书馆自身的问题,办理图书馆的人,必定有图书馆学问然后才能够维持,才能够改良。第二种是图书馆利用者的问题,利用图书馆的人,必定有图书馆学问,然后才能够注意,才能够利用。这两种作用,都能够使图书馆事业日益发达。倘若不研究图书馆学,可以说图书馆事业永远不能发达。

第三章　图书馆学和其他科学的关系

　　无论那一种科学，都和别的科学有连带关系，决不能独立。我们想研究某一种科学，必定先研究和他有关系的科学然后能收相得益彰之效。图书馆学也是这样。并且这项学问内容丰富，和他有关系的科学，非常的多。广泛的说罢，图书馆以图书为主，图书分类和编目，在某种图书，就要有某种科学的知识，简直和一切科学都有关系。严格的说罢，图书馆是一种教育，和学校教育相平等，因为管理和设备种种问题，和社会学心理学经济学尤有密切的关系。今把他分别说明在后面：

　　（一）和社会学的关系　　社会学所以研究社会自然现象谋所以改良的方法。图书馆是社会的产物，意在适应社会，又是社会的明灯，意在改良社会。研究图书馆学的人必定研究要怎样适应社会，然后图书馆才能存在，要怎样改良社会，然后图书馆才有存在的价值。图书馆不能离社会存在，图书馆学就不能舍社会学独立，可以说图书馆学，建筑在社会学上面。从这里可以知道他们的关系了。

　　（二）和心理学的关系　　图书馆所以适应社会，因此社会心理学也是研究图书馆学的人所应当研究的。普通图书馆要适合一般人心理，儿童图书馆要适合儿童心理，病院图书馆要适合病人心理，无论管理上设备上总以不违反利用的人心理为是。倘若违反人的心理，图书馆本身不能存在，图书馆目的更不能达到。可见图书馆学和心理学有密切的关系了。

（三）和经济学的关系　经济的原则在以最少的劳费收最大的效果,图书馆也是这样。第一金钱要经济,价值太贵的图书难于购买,当特别保存,价值太贱的图书,易于损坏,不可购买。第二时间要经济,订购图书,要格外迅速,收发图书要格外敏捷,不可故意迟延,浪费时间。研究图书馆学的应当知道这种经济的原则。除了这种原则以外,并且要考察各地经济状况,经济不发达的地方,当多备关于实业的图书,启发生利的观念。经济已发达的地方,当多备文学的图书减杀竞利的观念。这都是图书馆学和经济学有关系的地方。

图书馆学既然和社会学心理学经济学都有关系,研究图书馆学的人,必定对于这三种学问都要研究,所以美国图书馆学校,多半限于专门或大学毕业生。西蒙斯女子大学图书馆学校,并且把这三种科学列入正课以内,从此更可以知道他们彼此的关系重要了。此外图书馆所藏的图书,非常繁富,往往罗列各国的古今图书,尤非通晓各国及古代语言文字不可,所以纽约州立图书馆学校,凡入学的人必须通晓三国文字,照这样看来和方言也有关系了。

第四章 图书馆学的范围和他的分科

图书馆学,英语是 Library Science,德语是 Bibliothek – swissen-schaft,英美是近来新有的名辞,十年以前还未通行。《大英百科全书》是美国新出版的书,如傅古氏的《斯坦达辞书》就没有这种名辞。但是美国图书馆学校所授的学科,统行叫做图书馆学,图书馆学校毕业生,也授以学位,称为图书馆学士或得业士。并且近来图书馆在教育上占重要位置,关于图书馆的著述日渐众多,因此图书馆学一语,用起来也渐渐普及。在德国这种名辞,更其普通,马叶氏《百科辞书》在一九〇五年出版就有这种名辞。

马叶氏《百科辞书》说:图书馆学的定义,是把关于图书馆的理论和技术知识的总和,为有系统的研究,因此分图书馆学为两大部:(一) Bibliothekenkend (二) Bibliothekenlehre,前一部是指图书馆历史和统计说的,后一部是指整理和管理说的。整理方面,如图书馆建筑、书库内图书排列法、目录编纂法等都是他所研究的。管理方面,如藏书保存、搜集利用,和馆员督率法,都是他所研究的。因为研究建筑,绘图学也要研究,因为研究图书的保存,制本学也要研究,因为研究图书的搜集,关于购入寄赠交换各方面的商业学社交学都得要研究。说到这里,图书馆学的范围就非常的广大,无论如何,我们一个人尽毕生的力量也只能研究一部分,决不能研究全部分。在专门研究的人,只能研究一部分,如学过建筑的人,可以研究图书馆的建筑,学过商业的人,可以研究图书的订购,其余的分类编目各科,若是想研究他,都得要把和他有关系的科学,研究了以后才可以,不然,就要务广而荒了。

图书馆学的范围,既然很广大,图书馆学的分科,自然也很众多,美国丕咨伯格卡勒几图书馆学校所修的科目共有三十几种,纽约州立图书馆学校也有二十几种,各科里边又有细目。今用普通科学分类法,分为两大类:一纯正的;二应用的。纯正的图书馆学,专为说明图书馆原理原则,或现有的事实。里面又分两类:甲具体的;乙抽象的。如图书馆史图书馆法令各科,属于前边的一类;如图书馆教育,属于后边的一类。应用的图书馆学,专为指导图书馆实施的方法,里面又分两类:甲特殊的;乙一般的。编目分类属于前边的一类;管理法组织法属于后边的一类。今为系统分明起见,把他列表如下:

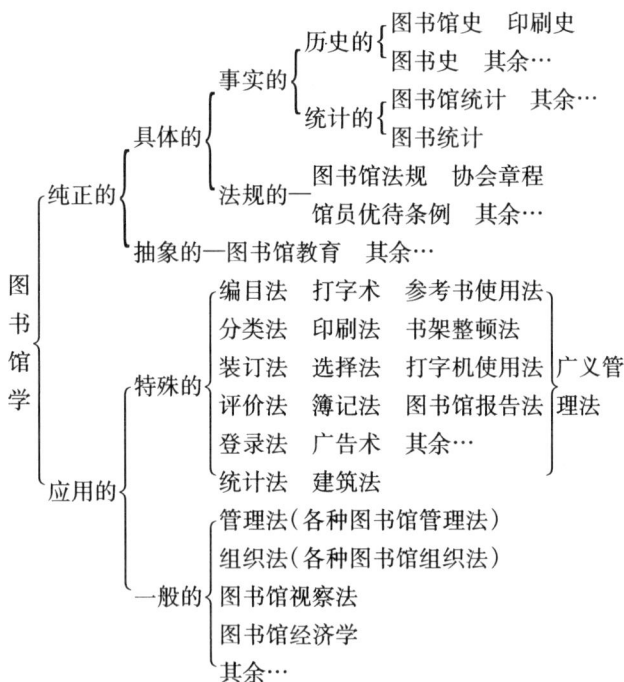

```
                                  历史的 ┌ 图书馆史  印刷史
                        事实的 ┌──────┤
                             │         └ 图书史   其余…
                  具体的 ┌────┤  统计的 ┌ 图书馆统计  其余…
                       │    └──────┤
          纯正的 ┌──────┤           └ 图书统计
                │      │  法规的─ 图书馆法规  协会章程
                │      └────────── 馆员优待条例  其余…
                │      抽象的─图书馆教育  其余…
  图           │
  书 ┤         │        编目法  打字术   参考书使用法
  馆           │        分类法  印刷     书架整顿法
  学           │  特殊的 装订法  选择法   打字机使用法 ┐ 广义管
                │  ┌──── 评价法  簿记法   图书馆报告法 │ 理法
          应用的 ┤  │     登录法  广告术   其余…      ┘
                └──┤     统计法  建筑法
                   │     管理法(各种图书馆管理法)
                   │     组织法(各种图书馆组织法)
                   │一般的 图书馆视察法
                   └───── 图书馆经济学
                          其余…
```

第五章　图书馆学的研究法

图书馆学,是近来新发明的科学,历史很短,缺点尚多,正待有志之士,潜心研究。这种研究的方法,和其他科学研究法相同。今分归纳演绎证实三种方法说明如下:

(一)归纳　归纳是由特殊到一般。就是精详叙述——考察个别事实,使他毫无遗漏,然后由事实中间得个结果。至于考察的方法,自然离不了历史统计两种。历史属于纵的,是考察时间的事实,统计属于横的,是考察空间的事实。图书馆学关于历史方面,如图书馆史,图书史等,不乏专著。惟统计方面,研究的人很少。其实这种方法非常紧要,因为统计是近代的事实,如什么地方阅览人多? 什么地方阅览人少? 什么书籍阅览人最多? 什么书籍阅览人最少? 都当随时随地调查,藉以考求他的原因结果。此外我们不但对于图书馆内容,应当考察,就是和图书馆学有密切关系的社会状况,人民心理,经济情形,都得要考察,拿来做研究的材料。这都是关于归纳方面的方法。

(二)演绎　演绎是由一般到特殊。就是从所收集和观察的事实,精细考察他的意义,用抽象方法,加以分类,使有组织,使有系统。这种方法,不但纯正科学是这样的,应用科学也是从这里发生出来的。图书馆学里边各种应用科学,如分类编目组织各法,都是说应当怎样,怎样才好,条分缕析,教人遵守的。有人说:演绎法不能发明新理,研究学问的时候,没有多大用处,我以为这话实在不对,演绎法固然不能发明新理,要是讲起应用来,却非常紧要。设若没有演绎法,学问上必无系统可寻,事实上也无轨范可守,前此用归纳法所收集的事实,也归于无用。

（三）证实　证实是把一种学说,应用到事实以后,看他两下所生的关系是怎么样,这本是各种科学,都应当遵守的法则,不过研究图书馆学的人,更其应当注重。因为这种科学的性质,比别的科学有些不同,既不是宗教学空谈玄理,使人信仰,又不是理化学,立有定则,屡试屡验。就是要把他应用到事实,看他结果怎样。若其有效,就继续下去,照这样办,倘若无效,就得要设法改良。社会情形,人民心理,稍为变动,办法就不一样,当随时随地加以注意。这种科学,现在尚未大告成功,亟待试验,试验有了结果,学问才有根据,所以证实一层,在图书馆学研究法里面,是很紧要的。

第六章　图书馆的种类

图书馆学因为图书馆的种类不同,应用起来就不一样。图书馆的种类很多,可用后边的几种方法来分别他。

(一)按阅览人数量上分类:

(甲)公用图书馆;

(乙)特有图书馆。

公用图书馆可供一般人阅览。从国立图书馆,至各省各县各市镇各乡村所立的图书馆,都属这一类。

特有图书馆,不许一般人阅览,仅许一部分人阅览。这类图书馆,或属于特别团体,或属于一私人各机关各学校各公会各家庭所设的图书馆,都属于这一类。

这两种图书馆性质不同,管理和设备也不一样。特有图书馆因为阅览人彼此具有关系,阅借规则比公开图书馆稍宽。但特有图书馆也有把一部分公开,供一般人阅览。到这个时候,就不能严格区分了。

(二)按阅览人程度上分类:

(甲)儿童图书馆;

(乙)普通图书馆;

(丙)参考图书馆。

儿童图书馆供给儿童阅览,程度很低,应当搜集适合儿童所用的图书,用简便方法,使他阅览。并且应当时常开展览会或谈话会,养成小国民读书兴会。

普通图书馆即通俗图书馆。供给普通程度的人阅览。内中又分两类:(子)简易图书馆;(丑)普通图书馆。简易图书馆,专以馆外贷出为宗旨;普通图书馆,馆外贷出馆内阅览都可以。

参考图书馆,供给研究专门学术技艺的人阅览,当搜集高深图书。内中又分两类:(子)普通参考图书馆;(丑)高等参考图书馆。中学校图书馆,属于前边的一类,大学校图书馆,属于后边的一类。

前边(甲)(乙)(丙)三大类是大概的区别,儿童图书馆,往往附设在普通图书馆里面,或者就是普通图书馆的一部分。普通图书馆,有时也备高等图书供人参考,如省立县立图书馆。参考图书馆,有时也备普通图书,供一般人阅览,如国立图书馆。严格的说罢,很难区分。

(三)按阅览人性质上分类:

(甲)一般图书馆;

(乙)特殊图书馆。

一般图书馆供一般人阅览,不问男女老幼,只俱有人类性质,就可以阅览。

特殊图书馆,供特种人类阅览。这种人和一般人不同,有一种特性。这种特性又分两类:(子)常有性;(丑)偶有性。常有性的如盲人图书馆,偶有性如病院图书馆。这些图书馆只能供这些人阅览,对于一般人就不适用。

以上两大类图书馆,性质固然不同,但是有时也有不能分别的地方。如盲人也是人类,一般图书馆不妨替他专设一部,以免有向隅之叹。病人所阅的图书,多半关于卫生方面,一般人也未尝不可阅览。

(四)按设立的机关上分类:

(甲)公立图书馆;

(乙)私立图书馆。

公立图书馆,是公法人或公法人附属机关所设立的,又分三类:(子)国家设立的;(丑)各行政官厅或公立学校设立的;(寅)自治团体或自治团体所附设的学校设立的。

私立图书馆,是私法人或私人设立的,又分三类:(子)社团法人设立的;(丑)财团法人设立的;(寅)个人设立的。

公立私立是就法律上说的。若就事实上说,除个人以外,其他团体不是一人组织成的都有公的性质,公私的分别就难说了。

(五)按设立的目的上分类:

(甲)教育图书馆;

(乙)纪念图书馆。

教育图书馆,是为教育设立的,一般公立私立普通参考各图书馆,十九属于这一类。

纪念图书馆是为纪念设立的,或是为有功德的特种人,或为重大的事件,都可以设立。里边有公立的,有私立的,种类也不一样。

以上两类,也有不能严格分别的地方,如纪念图书馆虽然是为纪念设的,却是一方面也能达教育的目的,不是设立个图书馆就算完事。若是仅设一个图书馆就完事,失了图书馆的功用,也不能叫做图书馆了。

又以上各种分类,是就图书馆的实质说,名称上有标明某类字样的,有并不标明某类字样的。大概特别图书馆,如盲人图书馆、儿童图书馆等类,多半标以类名,以示区别,其余的多半不标类名。

第七章　图书馆的历史

第一节　东洋图书馆史

（一）中国　古来河图洛书，是中国图书的起源。周朝春官宗伯外史掌三皇五帝的书，地官司徒土训掌道地图道地慝。注，地图山川原湿之图，地慝如瘴蛊之属。诵训掌道方志道方慝。注，方志所记形胜事实之迹，方慝所传礼俗畏恶之事。当这个时候，图书已有专官管理。《史记》说：老子是周朝守藏之史。班固《汉书·艺文志》也说：老子做柱下史。博览古今典籍，可知老子就是当时的图书馆馆长。孔子适周得览周朝遗书，以后周游列国，得读一百二十国的宝书。韩宣子到鲁见《易象》、《春秋》。季札聘上国，闻《诗》的风、雅、颂。楚左史倚相能读《三坟》、《五典》、《八索》、《九丘》。墨子也说：他自己曾见百国春秋。可见当时各国图书馆的多，藏书的富。汉朝的兰台、麒麟、石渠、天禄、石室、延阁、广内都是藏图书的地方。并有许多大学问家，都是从这里面造就出来的。这是官立的。至于民间也有藏书的，匡衡的主人就是一个。东晋官立的图书馆，如东观、仁寿阁。晋的秘书中外三阁，东晋的秘阁，宋的总明观，齐的学士馆，梁的文德殿、华林园，北齐的仁寿文林，后周的虎门麟趾。晋的孙蔚家中藏书，可以任人阅览，并且距离太远的人，可以在他家宿食，可算体恤阅览人无微不至了。隋的图书馆，在东都修文殿、东都观文殿。唐朝买天下书，选工书者缮写藏

16

于内库,用女子做管理员。又有四库十二库,藏书不算不多。其他如李磎的李书楼,鄷侯的鄷架,比近世小图书馆规模宏大的多。宋朝建崇文院藏图籍,以后又另立书库,叫做秘阁。又在龙图阁、太清楼、玉宸殿、四门殿各藏书数万卷。又以秘阁太小,分内库的西库当藏书库,如同图书分馆。司马温公聚书在读书堂。李公择藏书于白石庵。元朝改经籍所为宏文院,徙平阳经籍所到京师,又立艺林库专为收藏书籍。无锡高士倪瓒家购书也多,他的清秘阁里面藏的书画图籍,极多。到了明朝,尤其发达。上自内府,下至民间均皆搜集图书。图书馆事业比较唐宋都为兴盛。洪武时代,大将军徐达入元都,收图籍致南京,又诏求四方异书,设秘书监管理。燕京的文渊阁也是一大图书馆。永乐时文渊阁藏书有缺略的,成祖用重价求购,并且使人取南京藏书一百柜,用十只船载到北京,那时秘阁藏书有二万多部。私人设立的如浦阳郑氏的御书楼,常熟毛子晋的汲古阁,汤铁厓的万卷楼,何良俊的清森阁都是很大的图书馆。毛氏的汲古阁,阅览人尤其众多,照历史上说,四方到毛氏处观书的,轴轳衔接,二十余里,和近代小规模的公开图书馆效力尤大。此外如天一阁、丛桂堂、静惕堂、传是楼、西阳山房藏书也不少。天一阁设备尤其精致,阅览规则很严,在室阅览的不许夜灯不许吸烟,和近代图书馆阅览室规则相仿佛,不过他所藏的图书,只准他自己的子孙阅览,其余的人都不轻易允许,只能算是特有图书馆。前清乾隆年间开四库全书馆,征求天下书籍,经历十余年,统计十六万八千余册,分钞七分,藏在七阁。京城内文渊阁,圆明园文源阁,热河文津阁,奉天文溯阁叫做内廷四阁。又在镇江建文宗阁,扬州建文汇阁,西湖建义澜阁各藏一分,供人阅览。在南方的三阁,并且晓谕人民有愿意阅览里边图书的,准他借出。派遣专员管理此事,设立收发档案,阅借手续非常清晰。吴县黄丕烈建百宋一廛楼,专藏宋代精本。杭州张氏在水中造书楼,阅览人用小舟往来,晡后就停止阅览。这种办法有两种好处:一可避火灾;二可避尘器。不过往来不大便当,阅览人必定很少。照上面看来,中国有图书馆,约在四千年以前,历史很长,不过名称上性质上和近代图书馆有些不同。古来藏书地方概是用亭台楼阁种种名辞来代表,没有用馆字的。名称不同不用说了,就性质上说,也有好些不一样。第一古来图书馆无论是官立或私立的只许少数人阅览,不是供一般人阅览,其有任人阅览,不加限制的如南北朝的孙蔚、明朝的毛子晋所藏的书籍,不过是少数例外。第二古来图书馆是为有学问的人参考,不是通俗的,所藏的图书,程度高深,不合一般人程度。以上是古来图书馆的劣点,以后再说他的优点。第一古来图书馆所藏的图书,板本精良,官立的天禄阁,刘向、扬雄有名的学者,都在里边校书,即如私人所藏的书籍,都有存古的意思,多半是抄写的,一切坊间误刊的书籍,概不搜集。第二古来图书馆所藏的图书,目录详细。目录学我国研究最早,古来私家藏书无不注意编目,即如前清四库书目,博大宏富,无与伦比,书名下面并载明书中大旨和本书的沿革,比西洋图书目录详细的多了。

(二)日本 东洋图书馆历史最长的,除中国以外其次当推日本。日本图书馆历史比中国短,以前本无文字,更无图书。中国晋武帝太康年间,百济王仁携带《论语》十卷,《千字文》一卷,到日本,他们才有图书。大宝时代大宝令规定设图书寮,又设图书头管理图书寮。这是日本公立图书馆的起源。于是禁中有御书所选集古今的图书,天应中大纳石上宅嗣创立书馆,叫做芸亭供众人阅览,是私立公开图书馆的起源,以后和气广世的弘文院,菅原道贞的红梅殿,二条高仓的江家文库,都是很大的私立图书馆。藤原赖长的文库也颇可观。德川幕府时代定图书公开条例,红叶山文库、水户彰老馆文库、倚势林崎文库、江户昌平学文库、浅草书籍馆都是公立图书馆。明治维新把旧幕府的红叶山文库、昌平学文库所藏的书籍移在浅草公园叫做浅草文库。以后又搜集诸藩学校图书,网罗内外的物品,移在上野公园叫做帝国图书馆。以上是日本

18

图书馆的历史,日本开化很晚,国土很小,从历史上看来,图书馆成绩很少,但是自从明治三十二年公布图书馆令以后,就渐渐有起色,到现在简直是日新月异了。

第二节　西洋图书馆史

（一）欧洲　欧洲图书馆历史,要从欧洲东方说起。相传洪水以前,诸王多都于 Pantibible。这个地方的名称,在希腊有书籍村的意思,是洪水以前已经有了图书馆。现今考古家,在那里掘地还发见巡回图书馆所用的运书木匣。在那个时代埃及哈西曼地亚斯图书馆藏的古书也不少,后来被亚述人烧了,现今所有的金属文字,还可以考证。其次当推亚叙里亚王宫图书馆,亚叙里亚建国在纪元前十三世纪,极盛时代,在纪元前七世纪,距现今已经二千五百多年。又其次希腊雅典城有第一图书馆,创于纪元前六世纪,后被波斯王攻入,取书东归,藏在波斯库中。以后希腊又夺回,希腊藏书的人很多,如底士多拉妥并且把自己所藏的书公开,供人阅览。亚里士多得因为亚历山大王的援助,搜集许多文集,于研究学术有莫大的利益,并且提倡图书搜集的必要,对于图书馆的设备,为学理的研究,给图书馆的发达一个很好的指针。以后埃及随建亚历山大图书馆。亚叙里亚图书馆在历史上虽然有最古图书馆的名誉,但是他规模不如亚历山大图书馆的大。亚历山大建都在埃及藩王家府城。那个时候正当纪元前四世纪,大王已经死了,埃及藩王家第一世梭德很好学问,想把雅典的文明移在他城里,因此厚礼招聘有学问的人,同时并想照亚里士多得的学说,搜集图书,建立一大图书馆。他的儿子费尔得尔傅继承父志,把这种事情做成功,建一大图书馆,并附设博物馆,专为学者研究著作讨论讲演的地方。这种图书馆,虽然名义上是图书馆,其实是一个唯一专门教

19

育机关的大学校。亚历山大在当时是世界学术的中心,于古代文化史上放灿烂的光辉。这个图书馆当然是当时世界最高知识聚集的地方。所藏的书籍,共有七十多万卷,规模宏大,可想而知。纪元前四十七年,西撒攻伐,大部分被兵火烧毁。姑娄巴多拉叹父祖历代苦心经营的图书馆,一旦毁灭,很想复兴。于是安多尼把小细亚伯尔哈文库所藏的图书移交于姑娄巴多拉,合烧毁的残余书卷,收藏在一处,规模仍然不小。罗马古代图书馆本不发达,自并吞希腊后,他的领土以内,才有图书馆。纪元前一六七年,公修尔耶密流保路把希腊境内的图书馆移到本国,于是罗马市才有图书馆。拉丁文学黄金时代,书籍日益增加,图书馆也日渐发达。内中还有公开图书馆。尼罗大火后,非斯巴先在平和宫内所设立的图书馆,实罗马文学的根源。以后热心文学和教育的哈多利亚帝和以后各皇帝,称这个图书馆为亚塞勒乌士,当做研究法学政治学哲学等高等学术机关。中世纪黑暗时代,僧院图书馆兴隆,读书人的范围虽无限制,但是为防止藏书损失起见,往往把书物封锁,书架结合。直到十七世纪,这种习惯,仍然存在。自中世纪末叶,至近世纪初期,国立图书馆虽然发达,封锁书物的僧院图书馆,仍然未废止。纪元七五一年,法兰克创立加鲁令王朝,搜集写本,继起的有沙尔大帝,以文教统一民心,热心教育,文库格外充实。到了夏尔五世的时候,虽然藏书不少,因为贵族中继续借出,损失很多,后起的人办得没有大意味。一四二五年俾福侯爵把所有的藏书分卖到英国。一五一五年,佛蓝西斯一世即位,直攻入意大利。法国虽败北,却是带回书籍不少,图书馆又复充实。以后又屡派专员搜索典籍,或雇书记誊写善本,携回。一六二二年,尼哥拉里哥又有刊本出现,当时书籍更较充实,藏书数目古代写本二千六十九册,中古写本和刊本二千六百四十二册,合全部约五千册。路易十四时代,渐次增加,到了革命时代,更大加发展。一七九一年,曾经打算并合市内几个图书馆建设一个国立大图书馆。因为有人反对,未能成立。一八〇五年二月六日,拿破仑自己起草图书馆章程,凡在当时法国治下的各种书籍,必以一部送存图书馆。法国境内所有的书籍,这里边都有这个图书馆实法国文教的渊源。一八六三年又集革命有关系的书籍十万册,内容更其充实。现今刊本三百五十万,写本十一万,图谱五十万,合计四百万以上。规模可算不小了。十二三世纪,各地大学勃兴,学校图书馆虽然渐次发达,但就牛津的波铎业图书馆说,能够利用这种图书馆的仅限于贵族院议员的子弟或者专攻哲学八年的学者,倘若一般学生,仍然不许借览。乌士宅的监督哥布哈母在马利亚教会傍边设一公开图书馆供大学生阅览,但是监督仍然严重,书物统行系锁。十七世纪时代,本科毕业生可以借阅。一八二七年的时候,在校学生都可以阅览。这个图书馆爱得温六世时代曾一旦破坏。一六〇二年重建,得国王和其他有志的赞助,内容丰富,并且出版令在国内刊行的书物须交纳一部存在里面,因此益渐充实,现今藏有八十六万册制本,二百七十五万种刊本,四万册写本,一万八千五百册证书类,五千六百册最新出版物。大概百二十年以前各图书馆多注重保存,到了十九世纪,就大不相同。以前以国或州为本位,现在以乡村为本位;以前对于利用者有严格的限制,现在对于一般人民公开。因此有现代图书馆出现。

(二)美洲 美洲图书馆最发达的国家,当推美国。图书馆史最有趣味的也推美国。美国是新立的国家。当欧洲人民初移到那里的时候,多半携有书籍,以便闲暇的时候阅览,安慰长途远征的寂寞。因此美国人民先天里面就有一种爱书性。以后移住的人民渐多,也有藏书很丰富的,附近的居民遂互相借贷阅览。这种办法,实美国私有图书馆的起源。十七世纪时代,英国清教徒移住美国到处设立大学和大学附属图书馆。一六三六年,哈弗大学和大学附设图书馆,不过殖民后数年的事情。一七〇〇年,遂有耶路和威廉马利两大学图书馆。到了十九世纪初期,共计有十九个。到了这一世纪的末年,骤然增至六百多个。进步可算迅速。以上两类图书馆,因为利用的人不能普及,如私有图书馆仅限于所有主或相识的人,大学附属图书馆,仅限于大学生徒,于是有合资制度的图书馆。某一地方人民,集合资金,购买图书,谋互读的便利。一七三一年创始,到了十八世纪末年,已达三十二个。但是这种图书馆仍然要有资金的人才能阅书,普通人不能享受这种利益。因此有免费公共图书馆的需要。这种图书馆的创办费常年费,概由政府或自治团体负担,无论何人可以自由阅览,不必出费。一八三二年,纽罕波西亚市首先设立,以后奥连治、波斯顿市均先后设立,到了现今,全国图书馆十九属于这种性质,阅览人都觉便利,图书馆也因此日益发达。

第八章　图书馆的现状

第一节　亚洲图书馆现状

（一）中国　中国图书馆历史虽长，但是视为一种教育行政，始于前清兴办学校的时候。民国二年教育部公布图书馆令以来，各省均渐次设立，可惜教育部统计，对于图书馆一项未曾列入，日本人所作的支那年鉴，调查也不详细，据武昌文华图书馆所调查，共计三十多处，这是民国七年的情形。近两年来，热心教育的人，渐知注意这种事业进步很速，就我个人调查所得，已经有一百多处，今把他分别叙述在后边。

（甲）公立的　公立的，北京有京师图书馆一处，京师图书分馆一处，通俗图书馆一处，均归教育部直辖。京师图书馆所藏的图书，多半是前清四库旧书，分三大部分：四库书卷帙浩繁，读的人很少；善本室所藏多宋元精本，和唐人写经，都是几千年前的古物；其余尽属普通书籍。因为馆中向无统计表，阅览人数不可考，但是地方偏僻，往来不便，我想一定不多。京师图书分馆，通俗图书馆，藏书也不少，阅览人每日共计平均不过五百余人。京师人口近百万，假如每千人中有一人阅书，应当有一千人。想达这种目的，不但管理上应当改良，建筑上也当扩充。这三个图书馆的阅览室，总共不能容二百人，要阅览人多，非有能容多人的阅览室不可。以上是中央的，以下再说各省的。各省大概都有一个公立图书馆，各特别区

23

域也有设立图书馆的,规模较宏大的,首推浙江。因为文澜阁书籍,概存在省立图书馆。组织较完善的,当推山东,直隶。直隶第一第二图书馆,山东省立图书馆,省立通俗图书馆,内容都还可观。图书馆数目较众多的,当推山西江苏。江苏除省立的以外,各县设立的约有二三十处,南通常熟均负声誉,无锡一县,就有六个,成绩尤其佳良。山西的图书馆数目更多,各县大概都有一个,每馆藏书从三四百册以至数千册,这种小规模图书馆,最易普及教育,我国各省当仿效他,不过因为人才问题,管理上比较江苏还比不上,此外各省更不待言了。

(乙)学校附设的 学校附设图书馆,北京方面首推清华学校图书馆。这个图书馆建筑费花了二十多万元,建筑颇佳,藏的西文书很多,每年常年费约四万元,办事人多图书馆学专家,管理方法极其完善,在中国可算首屈一指。其次要数协和学校图书馆,北京大学校图书馆。协和学校图书馆所藏的多半是医学专门书籍,管理方法也很完善。大学校图书馆所藏的多半是中国旧书,现正从事整理。其次高等师范学校图书馆,北京法政学校图书馆组织也略可观,但规模比较狭小的多了。各省方面如文华大学校图书馆,约翰大学校图书馆,齐鲁大学校图书馆,因有外人的资助,成绩颇好。其余中国所立的学校,也有附设图书馆的,但成绩好的很少。

(丙)私立的 中国现时私立图书馆很少,如张元济的涵芬楼,汪孺人的藏书楼,廉惠卿的小万柳堂,藏书虽然丰富,但程度太高,且不公开,只可算历史的图书馆,非现时的图书馆。

(二)日本 亚洲方面图书馆最发达的国家,当推日本。据明治三十八年度调查,日本全国图书馆公立的有三十处,私立七十处,两种合计不过百处。到了四十一年八月调查,共有二百处,至最近有九百多处。内中有公立的,有私立的,有学校附设的。

公立的又分国立的,道立的,府立的,县立的。国立的图书馆费用由国库支给,如前章所述的帝国图书馆就是这种办法。这个图书馆设在公园里面,规模宏大,藏书约三十多万册,每年增加一万多册,阅览人数每日平均约六百多人,阅借图书每日平均约二千多册。此外各道府县多有图书馆,市町村也有设立的,但不如府县立的多。现今东京、神户、富山、福井、四日市、小樽等处均有市立图书馆,最近长冈市野本氏又集基金十余万元,设市立图书馆。以上各种图书馆,均努力搜集对于本地方有关系的典籍,除文学历史地志以外,并注意于市民日常生活有关系的图书。

私立图书馆,东京方面有大桥图书馆,竹贯少年图书馆。大阪方面,有永江为政设的大阪图书馆。千叶方面,有林泰辅私立杜城图书馆。山口方面,有西岛峰三郎青年图书馆。以上是举出最有名的,其余各处私立图书馆还多,不能枚举。这种图书馆经费概由私人捐助设立,此外还有各处教育会所设立的,日本把他列入私立的一类。又有新泻县的战役纪念图书馆,群马县的凯旋纪念图书馆,奈良县的战捷纪念图书馆,静冈县的征俄纪念图书馆,冲绳县的战胜纪念图书馆,都是为纪念某一桩事情设立的。经费有由公家付出的,有由个人捐助的,一方面可以达纪念目的,一方面可以达教育目的,一举两得,比较中国中央公园战胜纪念碑,有用的多。中国人很爱做纪念的事情,如节孝祠,昭忠祠,贤良祠,节孝坊,以及建筑亭台楼阁做纪念,花钱由数千元至数十百万元不等。依我看来,不如设立图书馆做纪念,还对于人生上多得点益处。

学校附设图书馆,以东京帝国大学,东北帝国大学所附设的算最完备。这种图书馆,除设中央总馆以外,对于校内各科在各教室设立部馆。部馆的图书实行公开,学生得自由阅借,但对于管理上,如购书,登记,装订,交换,寄赠书的收受,各事项都归中央图书馆掌管,以期统一。其余各大学和高等学校中小学校多有附属图书馆,组织也很完善。日本图书馆制度最良好的,尤在利用小学校舍,附设图书馆,因此图书馆易于普及。此外又有巡回图书馆的制度,把一个图书馆所藏的图书,能够供各地方的人民需用,确能达到活用图书的目的。在东亚方面,图书馆成绩,总算最好的了。

第二节　欧洲图书馆现状

（一）英国　英国图书馆发达最早,尤以公立的为最盛。在一九〇二年,已经有一千三百四十一处,藏书数目达一千八百四十七万部。近年以来,更其发达,各处遍设图书馆,尤以伦敦、曼阙斯他、牛津、壹丁堡、都柏林各市镇为最盛。伦敦市有公立图书馆八十一处,藏书册数有六百五十二万八千部。

英国各种图书馆中间成绩最好的,要算通俗图书馆,一八八六年通俗图书馆不过两处,一八八七年,已增至十处,从一八九〇年,到一八九一年,一年中间,又添设十七通俗图书馆,藏书册数约二十三万册。加以伦敦通俗图书馆时间是终日制,利用的人很觉便利,所以一年以内,贷出图书数不下二百五十万册。但是费用也不少,每年约三十三万元,可以知道当局注重图书馆教育了。曼阙斯他市市长波达氏所创的曼市通俗图书馆,规模宏大,常年费每年有十二万元,藏书极其丰富。阅览室分三处:一普通阅览室;二儿童阅览室;三新闻阅览室。普通阅览室,阅览书数每年有四十余万册,儿童阅览室和他相等,至于馆外贷出,两处共计有八十余万册,和在馆内阅览的数目相等。新闻阅览室,每年约有三百万人,总算发达已极了。英国各种图书馆多有公费补助,所以能够发达,始于各首府终于小町村都有一定条例,分别补助。费用是靠人民所纳的图书馆税,这种税则,始于一八四九年各市镇村落,纳税十元以上的附课图书馆税一辨士或一辨士以上。

此外还有许多纪念图书馆,如约翰雷兰图书馆,亚尔沙勃图书馆,概是私人捐款设立,不须政府补助费用。英国各图书馆所藏的图书,钞本很多,牛津图书馆有三万一千部,不列颠苗齐安国民图书馆有五万五千部。英国图书馆数目虽然不如美国众多,但图书馆法规极其完备,多为美国所师法,研究美国图书馆状况的,不可不先研究英国图书馆状况。

(二)法国 法国图书馆要算通俗图书馆学校图书馆最发达。通俗图书馆巴黎市内共有八十二处,馆内备有各种字汇辞书和他种参考书,藏书多的并可借出馆外。巴黎市共二十区,平均计算每一区有四个图书馆,这种图书馆,并不另行建筑,多设在区行政所和区会议事堂或其他公立小学校内,各馆均揭巴黎市全图,备载市内图书馆所在地,并详列开馆闭馆时间。八十二处图书馆,共藏图书四十七万五千三百四十六册,每馆平均约六千册。新刊的杂志常备十种至十二种,也有比这数目较多的。大概以贷出馆外为主义,但价值较贵的,不许贷出。这种图书馆的监督,城市设中央监督委员部,制定严密规则,统率各馆,各区设区委员部,主管区图书馆,选定图书。内中职员,多是兼职,设在小学校的,由小学校教职员兼任,设在区公所的,由区书记兼任。以上是巴黎市立通俗图书馆。此外国内各市都有图书馆,据最近统计巴黎市八十二馆以外,还有二千九百十一馆,藏书四十一万六千四百十七册,所有费用,都从地方课税支办。

法国学校图书馆附设在小学校内。在起初的时候,设在市町村,未过几年,成绩卓著,渐渐推广,据最近的统计,约一万五千六百余处,藏书约一百四十七万一千余册。图书来源分五种:一学校用的教科书;二文部省颁发的图书;三县知事交发的图书;四个人寄赠的图书;五本馆自购的图书。基金来源分四种:一市町村拨付的资金;二个人遗赠和捐助金;三毁损图书赔偿金;四生徒父兄所捐的随意金。教科书尽先借给学校生徒,次则借给曾捐助随意金的学生父兄。其余的图书,凡在市町村内的住民,无论何人都可借阅,但限制极严,遇有毁损亡失的情形,无论何人都得负赔偿责任。

此外还有公立图书馆,规模比较通俗图书馆学校图书馆都大,

27

巴黎市有十五处,最著名的有国民图书馆,有印刷书三百万册,地图二十五万种,钞本书籍十万册,印画二十五万种,货币和奖牌十五万种。又有市立图书馆三百八十余处,藏书约百五十万册。

（三）德国　德国图书馆事业最盛,在世界上占第二位,仅让美国一步。图书馆类别分邦立,国民,学校三大种。

邦立图书馆,就是王立图书馆,也就是官立图书馆。德国二十六联邦内都有,在普鲁士的规模最大,普鲁士王立图书馆,在柏林大学校附近,建筑庄严,藏书一百二十三万册,写本三万四千册,杂志七千种,把一千六百种藏在阅览室,备阅览人自由取阅,馆员总数九十五人,年需经费三十七万元。

德国国民图书馆是仿英美制度设立的,创立的时候极其困难,到了近来才大发达。可以做全国国民图书馆模范的,要推柏林市图书馆。这个图书馆组织很完善,每年由市支出经费二十一万一千四百三十二马克,有阅览所十二处,其中最大的有书一万多册,最小的也有三四千册,总计约十六七万册,阅览人每年约二十万。其余的如雅洛亭堡、爱勒费尔、阿斯那白克烈各市的国民图书馆,都归柏林市监理。汉堡、北冈、爱那各市的图书馆,属于团体公立。柏林市的哈孔氏图书馆,厄孙市的克尔诸勃氏图书馆,苗尔好善市的爱勒费尔图书馆,特尔脱孟市的巴尔彭会社附属图书馆,属于个人私立。以上所述的都是都市的,以下再说地方的。德国近年来筹设各地方图书馆,非常进步。各地方划分各区,各区支出费用做创办费和常年费。刷尔祖维州的爱格尔维选区图书馆设立最早,常年费用从区内支取一千二百马克,从州内支取三百马克,共一千五百马克,设阅览所六十五处,各学区都有一处,使小学校教员兼任管理。自从这区图书馆设立以后,各地方都先后仿效设立,其他如穷乡僻壤不能设立图书馆的地方,或虽然设立,无力扩张的地方特设巡回图书馆,这种巡回图书馆是一九〇〇年国民教育普及会创办的,一年期间就有三百十四处,近来日渐发达,到处都有了。

大概邦立图书馆藏的书籍,程度高深的居多,可供学问家参考,所以又叫做参考图书馆。国民图书馆所藏的书籍,程度较低浅的居多,供普通人阅览,可以叫做通俗图书馆。

学校图书馆有大学附设的,中小学附设的。大学校附设图书馆,在欧洲各国,德国实占第一等位。置全国大学图书馆共有二十处,藏图书总计约五百八十五万多册。大学图书馆多半公开,普鲁士制度无论何人都得入览,非大学学生入览借出都不禁止,此外各联邦多相同,如门占大学私人想阅书的,先到官立图书馆,设若真正没有大学图书馆可以借给。其余音乐学校,美术学校,高等工业学校,以及各官立中小学校,都有图书馆或阅览室,普通人都得阅览或借出。

(四)俄国 俄国图书馆事业以圣彼得堡、莫斯科、它伯、俄迭萨比较发达。在圣彼得堡的帝国图书馆,是世界第三大图书馆,这个图书馆是一七一四年彼得克萨占领高兰所取得的。当初的规模,并不宏大,到了一七九五年,加以萨那斯克所搜集的图书,才一进而居第一等图书馆之列。萨那斯克图书馆是教士萨那斯克所创办,内中藏的文学历史神学书籍最多,神学书几占全部四分之一,以后历年由君主的赐与,个人的捐赠,本馆的购置,以及法律所规定凡国内出版的图书必送存两部,因此帝国图书馆,渐渐宏富,现由教育总长管理。阅览人每年平均数有十余万,借出图书约三十万册。常年经费由国库支出七万九千一百七十四卢布,由别方面支出三千四百三十八卢布。据官家统计藏印本书约百万册,地图一万九千幅,其他印刷品和照片七万五千份,在俄国总算首屈一指。俄国次大的图书馆在莫斯科。这个图书馆在博物馆里面,藏的历史书最多,抄本约五千册,多半是古代波兰经典和历史上的文件。内中有一室专藏一八一六年和一八二一年间规矩会的记载。它伯有该地大学图书馆,藏书十余万册。俄迭萨有大公共图书馆,规模也不小。此外各处除公共图书馆以外,还有大学图书馆,中学图书馆。据欧战前的调查,有大图书馆和通俗图书馆一百四十五处,小图书馆不在内。

（五）意国　意大利图书馆可以分为四大类：一公共图书馆；二一等大学图书馆；三二等大学图书馆；四中学校或美术教育图书馆。统归教育总长直辖,前三种是受普通法支配,后一种是受特别法支配。此外还有小图书馆。管理权原来属于地方政府,但遇有必要时也有收归国家管理的。国家设立的公共图书馆有三十二处,阅览人有八十九万五千七百多个,借阅的书籍约一百一十五万四千八百多册。教育当局极注意宗教国体所藏的文学书籍,一八七五年这种藏书充为公用的共计有一千七百处,共藏书籍二百五十万册,内中有六百五十处并入公共图书馆,其余的一千零五十处移交各地方团体,组织三百七十一个区图书馆。国立图书馆以费地坎那图书馆算最大。他的历史很长,在五六世纪时代就有大名,经历代君主的热心扩充,规模日见宏大。据最近统计,印版书籍约二十二万册,内中有二千五百册是十五世纪出版的,又有抄本二万五千六百册,内中多半是拉丁文希腊文的。这种拉丁希腊文的抄本有许多是很有价值的。其次有克森拉塔图书馆,这个图书馆比费地坎那图书馆藏的书籍尤多。内中藏的印版书籍约一百三十万册,抄本约二万五千册,抄本有六七八九十各世纪的,分藏在十一个房舍里边,内中有一个较大的,房舍的构造在罗马算最精美。馆内阅书极其自由,但不得携出阅览室以外。每年阅览人约一万八千多。地方设立最著名的公共图书馆,有佛棱斯、奈普拉士、密兰、泊勒麦、都林、维尼斯各地图书馆。佛棱斯公共图书馆有很多的名人手抄的书籍,价值很大,现在每年增加的书籍约一万二千册,阅览人约有五万,阅览的书籍属印版的约六万册,属于抄本的约二千五百册,此外还有借给某种学校学生的不在内。奈普拉士公共图书馆,在奈普拉城中算最大的图书馆,阅览人约一万,阅览书籍约十四万册。密兰、泊勒麦、都林、维尼斯各地图书馆都很有名,内中所藏的书籍也有拉丁希腊文的,颇足供历史上的参考。大学校图书馆以波隆亚的德拉大学图书馆算最有名。这个图书馆创立于一七一二年。里边藏的抄本很多,有阿剌伯的五百四十七册,土尔其的一百七十三册,此外波斯亚美尼、希伯来等国的也有几册。位置本旧日王宫,建筑这个宫殿费了三十年的功夫,其精美宏大可想而知。这个图书馆虽是学校图书馆,仍然公开,每年阅览人约二万五千,每年增加的书籍约四万册。其他各大学附设的图书馆,或中学图书馆,设备都很完备,不能尽述。

(六)奥匈　奥国比较著名的图书馆,有五百七十七处,里边有二十三处是私立的,一百五十九处属于宗教团体,一百零五处属于军营,五十六处属于文学或科学研究会,一百八十九处属于教育会或学校,其余的四十五处,是公共图书馆供一般人阅览。奥国最大的图书馆,旧称帝国公共图书馆,这个图书馆,在奥国首都维也纳,是一四四〇年弗勒得力所创办的,每年添书费约二万六千弗诺令,房舍构造在欧洲要算最精美,阅览室任人自由入览,但借出有特别限制。维也纳大学,也有极大的图书馆,这个图书馆,阅览人不限于学生,一般人都可入览。阅览时间,比较一般大学校图书馆时间都长,冬季晚间由下午五点到八点,星期日更可以延长至十二点。据欧战前的统计,每年阅览书籍约十五万多册,借给市内人民的约一万多册,借给市外人民的约四千多册。总计维也纳一市,约一百余图书馆要算以上两处最大。奥国宗教图书馆也很多,有特别设备的有一百零七处,藏书由数百册至数万册,此外还有许多图书馆,设在寺院内的。匈牙利的图书馆数目很少,较重要的要算不达伯息。

(七)瑞士　瑞士的图书馆很多,总计有二千多处,里边有五分之四属于通俗图书馆,但是大一点的很少,藏书到六万册以上的,仅有十八个。藏书最多首推巴斯大学图书馆,此外圣格尔的僧道图书馆,也有历史和文学上的价值。

（八）比利时　比利时的国家图书馆，在白拉塞这个图书馆历史很长，起初一切藏书都是私人的，以后归政府收买，成为公家的。藏书三十五万册，抄本三万册，其他印刷品十万份，货币金属品十万件。书籍一项，每年增加一千五百册至三千册。比利时的大学图书馆也很完善，尤以间底大学图书馆为最著名。这个图书馆一七九八年就开办了，现在藏书约二十五万册，每年增加约二千五百册。

（九）荷兰　荷兰也有国家图书馆，大学图书馆。国家图书馆在海牙，这个图书馆在一七九八年已经成立了。藏书约二十多万册。当初因为经济的关系，增加书籍只限于政治历史法律三类，近来历年受外界的资助，这三类以外，关于文学的书籍也渐渐购置，所有的图书，全国人民都能借阅。最著名的大学图书馆在乌的利克州，藏书很多，其次阿摩士特突姆的大学图书馆，也很有名。

（十）丹麦、那威、瑞典　丹麦的国家图书馆，在哥本哈根，馆址是一六六七年建筑，一七九三年，才成为公开图书馆。馆中定章，凡国内新出的书籍，必定送存两部，因此历年增加新书不少。那威最大的图书馆首推克里斯梯亚尼亚的大学图书馆。这个图书馆的历史和这个大学一样长。瑞典国家图书馆，在斯托克呵姆。这个图书馆所有的图书原来是乌布萨那大学的，后来把他移在国家图书馆了。乌布萨那的大学图书馆，也很有名，原来是几个寺院图书馆合成的。

（十一）西班牙、葡萄牙　西班牙的国家图书馆，在马得里得。藏书很多，因为这个图书馆的图书多半是宗教团体捐助的，所以关于神学寺院法以及历史等类占大部分。葡萄牙最大的图书馆在里斯本。藏书约二十万册，内中关于神学寺院法和西葡两国的历史占最多数。葡萄牙次大的图书馆，俄波尔脱内中藏的尽是葡萄牙的和法兰西的图书。

第三节　美洲图书馆现状

（一）美国　世界上图书馆最发达的国家,首推美国。据最近统计,美国公费经营藏书一千册以上的图书馆,约八千多处,其余私费经营的尚不在内。大概情形可分四项说明:（一）国立图书馆;（二）州立图书馆;（三）郡立图书馆;（四）公共图书馆。

国立图书馆,是联邦政府设立的,也就是议会图书馆。起初设立的目的,专供立法部利用,现在凡立法司法行政各部都可利用。有能藏七百万册的藏书室,和容一千人的阅览室。储藏图书,计书籍二百余万册,地图海图十余万幅,乐谱六十余万件,印画三十余万幅。图书增加的来源约有三种:（一）对于版权者二部的送纳;（二）国际间交换;（三）斯密朔利亚图书交换局受领寄赠的图书,和华盛顿政府各局部受领交换的图书残本。此外联邦政府,所有的历史文书,和行政上必要的图书,也都藏在这里边。凡年龄在十六岁以上的,无论什么人,都可以阅览,但对于借出馆外,限于两院议员,一定高等官吏,和其他于法律上有明文规定的特种人。但是以研究调查为目的的人,馆长也可以给与借出特权。近则西部东部南部各州均有人借阅,成为全国图书馆的中枢。每年费用约一百二十余万元,馆员约五百余人,规模宏大在世界占第四位,在美国占第一位。此外并有一极大的参考室,陈列图书一万五千册,任人自由参考。又阅览人为研究上必要起见,得自由出入书库,力求阅览人方便。

州立图书馆,设在州厅所在地方,对于州内图书馆事业,有指导视察组织贷书的责任。凡绝版稀觏,州内图书馆不能购置的图书,州立图书馆可以贷借。系统最完备的,在东部首推纽约州立图书馆,在西部首推加州州立图书馆。今把他分别说明在后边。

纽约州立图书馆在鄂尔巴勒市,阅览室分法律,医学,立法,公文,杂志,及中央阅览室六部。中央阅览室,可容五百人。内中陈列事汇字书哲学宗教社会学言语学,地图,美国地方史和系图,理学,工艺,教育,美术,文学,地志纪行,上古史,欧洲史,新著书,及特别参考书,约二万五千册,均属公开。中央书库,在大阅览室下层,藏书约二百万册。法律立法阅览室和杂志阅览室中间,有特别书库,藏书约三十万册。又有巡回文库及盲人文库,藏书约十万册。此外并附设图书馆学校,借以发展州内图书馆教育。

加州州立图书馆在撒苦满多市州厅内,面积甚大,约占厅舍三分之一,近来并且提议投资六百万元,在州厅附近另筑规模更大的图书馆。这个图书馆的目的原来在供本州立法行政两部之用,但是为适应这种需要起见,凡关于一切问题的资料,都有搜集的必要。藏书约十九万余册,经常费每年约十九万六千元。

郡立图书馆美国各州要算加州郡立图书馆最发达,州立图书馆近来美国各州都有,成绩也非常良好,但一州之内,地方广大,人民散处四方,虽然可以用文书请求借贷,总得耗费时间及运费,因此有郡立免费图书馆的必要。今把加州郡立图书馆制度略举如下。

(一)依于郡的管理人决议然后设立;

(二)征收图书馆税作维持费;

(三)受州内图书馆试验委员证明有素养有经验的馆长管理;

(四)本馆设在郡厅所在地,分馆设在郡内各处;

(五)管理郡内学区图书馆和经费并郡内法律文库和经费;

(六)有辅助郡内公共图书馆的义务;

(七)凡住在郡内的人民都可自由入览。

郡立图书馆,一方面为全郡图书贮藏所,又为支配全郡图书的中心;他一方面更为州立图书馆和郡民的居间介绍人。因此凡住在有郡立图书馆的郡民,只纳付些许的图书馆税,在郡内到处可以

34

有免费的书供给,总算便利极了。但是,美国各州,共计有二千九百五十六郡,已经设立郡立图书馆的,不到一百郡,其余的二千八百多郡,都没有接近全然公共图书馆的机会。美国政府为使穷乡僻壤居民,都得接近图书起见,亟力鼓吹郡立图书馆,并提倡在郡厅所在地,设中央图书馆,在十字街头,杂货店邮政局住宅农村学校设分馆。因此近来郡立图书馆,成绩日渐佳良,郡立图书馆数目日渐发达。

公共图书馆美国更多,原来州立图书馆以州为本位,郡立图书馆以郡为本位,市町村立图书馆,以市町村为本位。同是公费经营,都可叫做公共图书馆。但是习惯上,美国单把公费经营的市町村图书叫做公共图书馆。大公共图书馆有几十分馆,每年贷出册数有几百万册。较大的分馆,自然不啻一大图书馆,就是在人口数百的小村落也藏书几百册,统叫做公共图书馆。不过规模设施彼此不免歧异。这种图书馆种类很多,普及美国全国,效力最大。即谓美国国民知识普及,全靠这种图书馆,也不算过奖。

(二)阿根廷 阿根廷人民颇重视图书馆,全国图书馆的数目现今有二百多处,大多数出于人民捐助,阿政府也时常赠与相当的图书。为搜集图书和统一管理起见,设有总会专管这种事情。国家图书馆设在伯诺亚勒,藏书约十万册,有很多关于西班牙殖民地古代史的抄本。

(三)墨西哥 墨西哥图书也很发达,通全国二十九州中,过半数有公共图书馆。所藏的图书颇多难得而且贵重的,都是从被克服的宗教团体藏书楼搜集的。自从中央图书馆成立以后,各团休旧书渐渐收归中央,并且规定凡在国内出版的书籍,每种必交纳两部存贮中央图书馆,统计全国各馆所藏的图书,不下数十万册,也算不少。

(四)巴西 巴西国立图书馆创自一八〇七年,在京城里约热内卢藏印书十多万册,抄本约一万册,关于南美文化的图书,可从这个图书馆窥其全豹。此外京内还有可数的图书馆数处,医学会藏书约二万册,海军图书馆藏书约二万册,国立博物院藏书约一万册,葡萄牙文学会藏书约六万册,福音教会藏书约一万册,市立图书馆藏书约二万册,都是组织很完善的。此外国内各地方都有图书馆,据欧战前的统计,全国藏书约五六十万册,年来虽无统计可考,以巴西人民热心扩充,必定更其加增,勿庸疑惑。

第二篇　图书馆和教育

第一章　图书馆在教育上的地位

现在欧美各国图书馆总算很发达了,政府不惜支出巨费去办理,人民也都负着盛意去阅览,至于一般教育家和图书馆学者更是聚精会神,呕心绞脑,去研究他。说到中国就大不然,国内虽然办了几个图书馆,却是教育长官都是奉行故事,一般人民视为无足重轻,研究教育的人更是不大注意;关于教育的新闻和杂志所发表的,多半是学制或教授法一类的东西。我看中国所以有这样现象的最大的原因,就在不明白图书馆在教育上的地位。

图书馆和教育有关系,知道的人一定不少,但是他究竟在教育上占什么地位?恐怕知道的人就不多。想明白图书馆在教育上所占的地位,须先明白教育的种类。

关于教育种类问题,说法不一,今把他举几种在后面比较比较:

（甲）从程度上分类:

（1）人才教育;

（2）国民教育。

这种分类法含有阶级性质,其不适当自不待言,并且所谓人才的,也是国民一分子,把人才和国民分为两类,是把人才放在国民以外,在事实上也说不过去。

（乙）从性质上分类:

（1）专门教育;

（2）普通教育。

这种分类法比前一种近于事实，又无阶级性质，比较适当的多，但是专门和普通界限究难分别，姑无论世界科学繁赜，普通二字渺无涯溪，就专门说，专门里边又有专门，究竟到什么程度才算专门？恐怕也难得认定。

（丙）从时间上分类：

（1）儿童教育；

（2）成人教育。

这种分类法是拿年龄做标准，因为年龄差异，教材和教旨都截然不同，的确有分类的必要，不过有时被教育者，虽在同一时期内，因为场所不同，机关就不一样，应当如后边的分类才算妥当。

（丁）从空间上分类：

（1）家庭教育；

（2）学校教育；

（3）社会教育。

这种分类法是拿场所做标准，在家庭的时候，受家庭教育，入学校的时候，受学校教育，处社会的时候，受社会教育；并且这种分类法也和时间有关系，大概儿童时期受家庭教育，青年时期受学校教育，中年时期受社会教育。

以上各种分类，当然以（丁）种为最适当，但是这种分类，仍然是从客观的分出来的，若从主观的，就没有分别。因为从客观方面说，家庭学校社会不无分别，从主观方面说，组成家庭学校社会的分子，同属个人，一人同时可为数种分子。譬如学校学生一方面做学生，他方面做家庭和社会的一员，若从实施教育方面说，三方面都得要注意。倘若有一方面不注意，就不能够收完满的效果。在三方面都注意的教育机关只有图书馆能够。

图书馆是一种社会教育机关，这是一般人都知道的。其实他不单是社会教育的机关，他在家庭教育学校教育上都占很重要的地位。今把他分述在后边：

（1）在家庭教育上所占的地位：家庭教育范围极广，做父兄的语默动静和家庭的组织布置，都可以作教育的材料，但是为养成儿童读书习惯起见，家庭内部都有设立家庭文库的必要。这种家庭文库，却和图书馆有密切的关系，有时图书馆更演活动电影以谋儿童正当的娱乐，那么图书馆在家庭教育上当然占重要地位了。

（2）在学校教育上所占的地位：学校教育本来有教师讲授，但教师所用的教材，与其仰给于普通图书馆，涉于广泛，不如取自学校图书馆较为切近。即就学生方面说，在教室耳提面命，终属徒托空言，必须假图书馆参考印证，方能融会贯通。欧洲各大学校教师在教室授课时，不过指示方略，或备质问，解疑惑，学生自修仍须在图书馆。法国在一八六三年教育部令，规定各公立学校设一图书馆。奥国小学校令规定各学区设教员图书馆，各学校设学校图书馆。其他英美各国均皆奖励这种办法。日本明治三十二年图书馆令和中华民国四年教育部图书馆规程，公私立各学校均得设立。

（3）在社会教育上所占的地位：学校教育，年数有限，入社会以后，惟有图书馆是终身求学的地方，所以有人把图书馆叫做国民终身的学校。今把他对于社会教育的利益举几种出来：

（一）图书馆能够安慰心神，社会大多数人终日尽力业务，闲暇的时候，可以翻阅文家小说，藉以解除烦闷，恢复精神。

（二）图书馆搜集文学技艺各种图书，攻学服务的人，各就其学业所近，独学自修，即能达到目的。

（三）图书馆搜集政治经济各种图书，一方面可以作舆论的代表，他方面又可以使公民知国家政治经济状况。

（四）图书馆不但输入智识，并且可以涵养品德，常入图书馆披读有益身心的图书，久则养成美风。

（五）图书馆可以抵抗败坏风化的茶馆酒店，青年偕友到馆，藉笃情谊，兼养其好学的思想，家庭或学校不得修学机会的，更可来此修学。

（六）图书馆藏书丰富,便于学校教师的参考,并且图书馆可供给材料,辅助大学,和大学有同一功用。

第二章 图书馆和教育的新思潮

图书馆在教育上的地位极其重要,前章已经说明了。但是近年来教育上发生许多新思潮,差不多要把以前的旧形式推翻,完全代以新形式。即如现今学校制度就有许多要革新的地方。这些新思潮的影响既然如此的大,那么对于图书馆究竟怎样?就事实说不但没有影响,并且图书馆和教育的新思潮有许多符合的地方。今把他分述在后边:

(一)平民的教育:教育本以平等为原则。中古以前的旧教育完全属于贵族式的,能入学的当然是少数贵族,就是所习的功课也都是不切于实用。近世宗旨虽然改变,但学校方面仍然有许多限制。人民方面因为经济不平等,求学机会也不能均等,所以近来一般教育家都主张平民教育。他的宗旨是在废除学校的限制,对于通俗教育,补习教育,特别注意,使人民都有求学的机会,注重教授课程,举凡日用生活,公民常识,均为必修课程,使社会全体都有相当的进化。因为要实行这种教育,所以对于现时的学校正在力求改造。其实这种平民育教,在图书馆方面,却早已实行。图书馆比学校能够自由,没有男女的限制,使少年少女都可以自由出入;没有资格的限制,使仕宦平民都可以共同阅览;没有时间的限制,极忙的人也随时可以求学;没有金钱的限制,极贫的人也可以求学;并且各国多注重通俗图书馆,预备切于实用图书,更其能够使教育渐趋于平民式。

（二）自动的教育：人类有求知心，也叫做知识欲。当小孩子的时候，遇事必定发问，遇着有玩物的时候，喜欢把他折开，看他的究竟；这并不是什么坏的性质，也是一种求知的行为。这种求知心的行为，并不是别人教他的，是他自动的；这种自动的行为，倘若能够顺承他，对于学术技艺方面，一定要得最良好的效果。所以现在的教育家都主张自动的教育。现在图书馆即实行这种主义的场所。因为图书馆的性质和学校的性质完全不同，学校对于学生授课时间，课程种类，都有一定的限制，学生居于被动的地位；图书馆对于阅览人就不加何等限制，听其自由，阅览人完全居于自动的地位。这种精神在儿童图书馆更其显著，儿童图书馆所藏的图书，自然随儿童自由入览，即或馆中有人引诱阅览，也是随他的心性自由选择，并无强制性质，和自动教育完全相合。

（三）打破学级制度：学校里边最能限制人的，就是学级制度。低能的人固难并驾齐驱，英才的人不免有所牵制。校中虽然有越级制度，但既然有级，每级课程，皆有一定数量；如未完全习过，决不能逾限，因此有因进取太猛，致戕天性的毛病。至于低能的人，有留级的限制，不能进取，更不待言。这种头病医头，脚病医脚，不澈底的办法，实不如根本打破学级的简捷了当。近来各国大学校间有采取这种议论，打破学级制度，拿学科做标准，不论年限的长短，习过若干科目，即可毕业。就是把所定科目未能完全习过，只习一二种，也可以，并不论阶级的高下。但是这种办法实行的仍然很少，远不如图书馆效力的广大。因为图书馆原来是自由的，阅览人爱阅览什么书，就阅览什么书，爱什么时候来阅览，就什么时候来阅览。兼程并进也好，仔细探讨也好，没有学级的限制。无论什么图书馆都是这样的，比现在大学选科制效力广大的多。

（四）废除考试制度：图书馆供人自由阅览图书并不考试阅览人，这是人人都知道的。考试制度弊病很多，最显著的有四种：（一）养成虚荣心，（二）养成侥幸心，（三）养成忌妒心，（四）养成作伪心。因为有这些弊病,所以近来教育家有主张废除考试的;就是中国教育界前一年也闹了好多时,虽然没有什么结果,却是大家都知道考试的坏处。我的意思以为这种思潮和图书馆的宗旨很是相合,学校里边既然不能够一刻改变,就应当多设图书馆,使不主张考试的人都可以到里边求学。

以上是图书馆和教育上的新思潮最相符合的地方。余如义务教育年限的延长,修学年限的缩短,以及其他种种关于教育革新问题,倘能多设图书馆,都可以解决。

第三章　图书馆教育的性质和效力

第一节　图书馆教育的性质

图书馆和教育联成一个名词,差不多没有人不承认的,但是近来有人还有些误会:(一)以为图书馆不是一种独立教育,(二)以为图书馆单是一种通俗教育。前边一种属于主体论,以为图书馆的主体是图书,图书是死物,必待学校教员学生利用,图书是供给学校的材料,图书馆是附属学校的材料厂,是学校的辅助品,不是一种独立教育。他把主体认错了,所以有这种误会。后边一种属于客体论,以为图书馆的客体仅限于普通人民,求高深的学问,仍然属于学校,图书馆单是一种通俗教育,于学术上没有什么关系,他把客体认错了,所以有这样误会。

因为有第一种误会,就把学校看得太重,以为图书馆和学校不能独立,甚至于主张文化初开,人民识字太少的国家无设立图书馆的必要。因为有第二种误会,就把图书馆看得太轻,以为图书馆不过一种社会教育机关,和提高文化发明学术没有什么关系。其实图书馆所藏的图书,固属死物,然有做主体的馆员活用他,并且有时设专员预备顾问,和学校教授性质相同。这种教育当然可以独立。又图书馆的客体不仅限于普通人民,就是专门学者也能容纳。参考图书馆可做研究高深学术的场所。国家有一极大的中央图书馆,更其可以做文化的中心。这种教育也不单是一种通俗教育。

46

第二节　图书馆教育的效力

图书馆教育的性质既然明了,他的效力是怎样? 概括的说罢,图书馆既然是一种社会教育机关,对于社会教育当然有极大的效力,但社会是个人的集合体。今就个人方面分析说明如下:

(一)在智育上的效力:图书是图书馆的财产,无论什么人都是知道的;图书是知识的结晶,无论什么人也不能否认的。取得现代知识,更加以发展传于后代,是教育的任务,图书馆就是担负这种任务唯一机关。就竖的说罢,图书馆保存古时历代图书,使古人的知识能够远传;就横的说罢,图书馆能搜集世界各国图书,使世人的知识能够互换。那么照这样说,图书馆在智育上的效力当然很大了。

(二)在情育上的效力:图书馆不但于智育有益,在情育上更有种种效力。今分别说明在后边:

(1)养成"知的情操": 对于知识作用所起的感情,叫做"知的情操"。即如读书趣味,就是"知的情操"。因为读书在于求得新知识,因求得新知识,能生快感,遂引起读书的兴会。这种情操本来人人都有,但程度有强有弱。程度强的常拼死力求得新知,以求最大的快乐;程度弱的对于新知不十分高兴,因此不肯尽力去求。图书馆贮藏图书很多,极力设法引诱大众阅览,并且时常搜集新奇图书,使阅览人发生快感,使"知的情操"日见发达。

(2)养成"美的情操": 对丁美丑所生的快不快的感情,叫做"美的情操"。图书馆更可以养成美的情操。世界上所称的美,有天然和人为的区别。好花明月,青山,绿水,属于天然;建筑,绘画,雕刻,诗歌,音乐,舞蹈,属于人为。人为里边又可分为两种:(一)空间,(二)时间。时间的美用听官做媒介,如诗歌剧典音乐等类,都是对时间的美。图书馆虽不设舞台,但常设音乐室,练习乐谱,又藏许多剧本,乐谱,诗歌,供人翻阅。又如美国议会图书馆以及波斯顿、芝加哥、纽约各图书馆,更设音乐部。空间的美用视觉做媒介,如建筑,绘画,雕刻等类都是对于空间的美。图书馆常藏绘画,供人阅览,壁间的装饰,廊下的配置,以及建筑的轮奂,无不钩心斗角,此外博物部的藏品,和临时陈列品,都能涵养美的情操。天然的美,图书馆周围常植奇异花木,又常映照各地风景,利用幻灯和活动写真开讲演会,使人如身历其境,也能涵养美的情操。

（3）养成"德的情操"： 凡人因行为的善恶邪正而起快不快的感情,叫做"德的情操"。图书馆也可养成这种情操,因为图书馆所藏的图书不限智育的,并有德育的。即如所藏的名人传记,及一切历史里边所载的事迹,有令人起敬的,有令人生厌的,更有令人喜笑怒骂的,无非是德的情操使他这样。可见图书馆对于德的情操效力更大了。

（三）在训育上的效力:知识能辨善恶,感情能起爱恶,若更进而实行取舍,就在意志是怎样,训育即训练这种意志的实现。图书馆能养成自学自修的精神,阅览人自己愿看的什么图书,自己向馆中借贷,若有疑问发生,自己利用图书馆的参考书,不必依赖他人。图书馆馆则严明,能起遵守规律的观念。图书目录整齐,自己阅览后,并须放在原位,能养成遵守秩序精神。阅书时不能扰乱他人,对于公用图书,当格外爱惜,都能增进公德心。至于从图书上所得的教训,如嘉言懿行,能使阅览人意志坚强,行为正当,更不待言了。

就以上情形观察,图书馆的效果,在知育上,能使人知识增进,在情育上,能使人精神快慰,在训育上,能使人行为善良。三种效力虽都属于个人方面,但个人是社会的一分子,社会分子完善,社会没有不进化。并且图书馆教育是平民的,意在使社会一齐进化,无先后的区分,比较他种教育效力,简直不可同日而语。

第四章　图书馆和家庭教育

第一节　家庭文库和图书馆

最足以供家庭参考起儿童兴味的,莫过于家庭文库。家庭文库,即各自的书斋,各自书斋倘若充实完善,关于家庭应行参考的事物,不必取诸公共图书馆;至于儿童在家庭里边就有良好娱乐地,更不待言。不过有人以为公共图书馆发达,大家都到那里去看书,个人方面图书购买力减杀,家庭文库运命一定要坏。其实不然,公共图书馆越多,越足以普及读书兴味,催进图书购买力,家庭文库决不会不发达。家庭文库和图书馆的关系如同书店和图书馆一样,书店因图书馆发达,生意一天比一天好,家庭文库因为图书馆发达,成绩也一天比一天好。

第二节　活动电影和图书馆

活动电影能够表现社会情状,比用文字说明更其切实。欧美各国向来作为教育上利用品。这种教育上利用品在儿童方面效力更大,因为儿童宜用直观教育;电影虽然不如实物的直接,比较用语言文字形容不啻天渊之别。美国格里图书馆从一九一六年夏天起,每逢星期六日替市中儿童演活动电影,父母兄姊都可一同去看,看毕以后回到家庭,更可向儿童说明当日所演的电影情节,引起儿童注意,或儿童有所询问,做父母兄姊的可以随时解答,对于家庭教育方面有莫大的利益。近来这种办法有许多图书馆仿效,一方面可以联络家庭,使儿童乐于入馆阅书,一方面就直接可以使儿童从电影里边受相当的教育。

第五章　图书馆和学校教育

第一节　小学校和图书馆

小学校学生全属儿童。为养成儿童自学自修的习惯起见,小学校和图书馆遂发生密切的关系:(一)小学校附设图书馆,(二)特设儿童图书馆,(三)小学校和图书馆互相联络。以下分别说明:

(1)小学校附设图书馆:小学校附设图书馆的目的,是使在校生徒乐读有趣味的图书,也就是使儿童在校能接近有关修养的图书,并于学校毕业后能够进一步做公共图书馆阅览人,但是必也有人反对这种图书馆的。他们的理由有两种:(一)学校有课程,教师有讲义,儿童决无余力去看图书馆的图书;(二)图书馆的图书比通常教科有趣味,有碍学生正课。这两种理由,都是把学校教育看得太重了,倘若明白图书馆教育的重要,自然不会发生问题。世界上小学校附设图书馆最发达的首推英国。英国伦敦方面,公共图书馆本来受市参事会监督,因为小学校受州参事监督,小学校图书馆也受州参事会监督,关于经费完全由学校负担。十九世纪末叶,这种图书馆的数目日见增加,公共图书馆方面更负经营上的责任,设种种的计画;到一九〇二年,奖励学校图书馆的教育令颁布以来,成绩更见优良。其他各国小学校也多设图书馆,但成绩不如英国的好。

(2)特设儿童图书馆:图书馆对于儿童取一种特别态度,是近代图书馆的一大特色。这种计画在美国尤其盛行。因为儿童天性纯洁,若起初就受图书馆的涵养,不但可以引起读书的兴趣,并且可以养成利用图书馆的习惯,使图书馆教育更其发达,至于能够供给儿童适当的图书,有相当的娱乐,不致恶作剧,消极的可以改良社会自不待言。图书馆虽然自始对于儿童就特别注意,但是特设儿童图书馆却是后起的事情。最初期图书馆都是闭架式,儿童所用的图书和成人所用的图书都藏在一起,儿童和成人取书同是填写借书券持向出纳台,并没有什么分别。自从开架式开始以后,形势稍变,把少年文学书类藏在阅览室一隅的书架上,意在使儿童和成人分离,但是文学以外的普通图书,仍然藏在一起。因此儿童常到成人里边,不免有多少的妨害。结果把儿童所用的一切图书统行从普通书架搬到儿童专用的书架,把阅览室的一部分划归儿童用。但是同在一个建筑物里边,儿童的图书用开架式,成人的图书用闭架式,未免纷歧,并且儿童读书声音噪杂,成人不耐其苦,好比恶货逐趋良货,恐把成人赶走了,所以才有第二期替儿童另设儿童室,有时更和本馆分离,另设儿童图书馆。英国在一八五〇年,公共图书馆就许十四岁以下的儿童入览,一八八三年,才有独立儿童图书馆出现,到了近来,各地都有儿童图书馆或儿童阅览室。美国儿童图书馆从一八八五年才有动议,比英国迟后二十年,但美国人不拘旧习,遇一新事业,都相竞争仿效,不久就成一般流行。所以近来各地都有儿童图书馆,各馆所藏的儿童图书,多则二万余册,少也有二三百册,每日贷出的数目从三十余册,到六十余册。至于纽约公共图书馆,儿童用书多至十五万册,每日贷出的数目达四千册,可算发达已极了。

(3)小学校和图书馆互相联络:小学校能够附设完备的图书馆,固然是很便利的事情,但所藏的图书,往往和地方图书馆相重复,颇不经济。因此小学校有时有和区内图书馆联络,彼此除特别必备的图书以外，其余均皆有无相通，图相互的便利；效力既大，费用又省。这种联络的方法也有好几种。今分别说明：(1)巴弗若式，这种方法始于纽约州的巴弗若市，所以一切人都把他叫做巴弗若式。学校图书馆或教室文库，所藏的图书，限于学生受课时直接使用的参考书，选择权属于公共图书馆监督之下，其余的补遗图书，概由公共图书馆供给，利用的时候或直接到图书馆，或由学校从图书馆借出。在这种形式下面，学校不啻图书馆的代借处，图书馆和学校合为一体，毫无界限在中间。(2)纽约式。这种方法，一九〇六年，从纽约公共图书馆创始，先分全市为若干区域，每一区域随地方广狭，约有二十个内外的学校，就在每区设一图书分馆，每一分馆设有学校系的馆员，这种馆员大抵采用女子，须具有教育上的热心，常到校替学生讲述利用图书馆的方法，并备来图书馆教员的质问；有时关于图书馆的规则或其他问题发生，学校教师也可请他解决。各学校备有图书馆专用的揭示牌，揭示图书目录，或其他广告，图书馆对于教师除给与定期的优待券以外，在授课的时候并得自由向图书馆借出图书。(3)布多尔式。英国有海港市叫做布多尔，那个地方的图书馆叫做布多尔图书馆，他主张图书馆和学校有密接的联络才好，那个地方的学校校长从教员中选择适当的人，经公共图书馆认可，做图书员，专管学生向中央图书馆借还图书的事情。图书馆和学校两方面图书的搬运，用市内教育课的车辆，学校方面不负担经费，所有借还图书，随到随发，不久留置校内；在图书馆方面，免得把图书久放在外边，不能归还，在学校方面不必特设书架，比较的省费。此外学校校长或教员有时可做保证人，在校生徒更可直接向公共图书馆借览。

　　小学校和图书馆既然有以上种种关系，因此学生利用图书馆的技能，学校方面必设法灌输。在英国学校教员常率领学生到馆指导一切，或在校中开讲演会，讲演关于这些问题。在美国威斯康新州检定小学教员试验须课学校附属图书馆目录编制法，和利用

法,小学校第一年至第八年,并教授读书趣味和图书馆利用法。今把他按年授课的程序列举如下:

第一学年:教授读书方面的绘本书籍的处理,公共图书馆指导。

第二学年:教授读书方面的书籍的处理,公共图书馆带出特许手续,公共图书馆规程。

第三学年:教授辞书应用方法,自本学年起,使儿童从图书馆受领特许票,并且使用这种特许票。

第四学年:教授辞书方面单语的定义发音缀字。

第五学年:教授关于地理的少年百科辞典和少年博物辞典使用法,又书籍的构造,少年人名地名辞典使用法,辞书方面的发音略字缀字熟语音节法。

第六学年:复习前学年关于地理各科和世界年鉴使用法;又教授关于读书方面的件名,著者名,书名,目录的区别,和牌子目录;少年文艺辞典,一般百科辞典使用法;辞书里边的复数名辞,固有名辞。

第七学年:教授关于农业上的农业时报,农业年鉴,农业报章,农业杂志使用法;又教授关于作文方面,如辞书里边的同意语,和动词的变化;关于历史,如本州的职员录和事实统计,作文方面辞书里边的专门用语的意义。

第八学年:教授关于公民科方面,如日报新闻的概念和读法,又关于读书方面的处世法,职业的指导代表,杂志的种类和特色,公共图书馆利用法。

第二节　中学校和图书馆

以前图书馆界有一特别现象,就是对于小学校图书馆和大学校图书馆特别注意,对于中学校图书馆不甚关心。不知中学校和图书馆的关系尤其紧要,因为学生在中学时代,是青年时期,也就是人生最危险的时期。青年心的生活和儿童大不相同,因此所读的书籍也就有区别,办教育的人当审察可以作成一生习惯的青年读物,供给他们。青年时期易起兴味,同情心锐敏,容易受外界印象,并且能够把外界印象把住,记忆力强健,理想力富足,对于图书的欲望,极其显著。就生活状态说,又有很多闲暇工夫去读书。在这个时期以内,应当指导利用图书,倘若把这个机会错过,以后就不容易受教了。所以美国在二十年以前,图书馆都注意在儿童图书馆方面,近来却极力提倡开设中学校图书馆。

中学校图书馆和儿童图书馆性质虽然不同,但是青年时期和儿童时期距离不远,关于图书馆的设备,如招来阅览人的设置绘画,花卉,有趣味的广告,又有精美的装订,又把精美的图画悬在壁上等类,都和儿童图书馆一样,不过所藏的图书要适合于一般中学生的要求。

中学校图书馆历史很短,在起初的时候,常在中学校设置小图书室,使教员兼任管理,校中无一定的图书购置费,教员常捐私财购买图书,借给学生。但这种办法不甚多见,可算一种例外,并未通行到一般中学校。一八九五年,美国夏布氏在图书馆杂志发表中学校图书馆论文,才引起一般图书馆馆员的注意。夏氏不仅发表徒托空言的论文,并且在阿海阿州格里符兰市中学校设置公共图书分馆,使专员管理其事,以后过了四年,一八八九年,纽约公共图书馆长在巴林卡中学校设公共图书馆阅览室,到了现在美国各都市中学校,多半设有图书馆,不过性质不尽相同。大概可分两种:(一)学校自己设立的,(二)和公共图书馆协同经营的。以下分别说明:

(一)学校自己设立的:这种中学校图书馆创办费、经常费统由校费支出,馆长馆员从学务课选任,在学校职员中占重要位置。

图书贷出法带出期限,和其他一切管理法,由馆长斟酌学生多寡,图书多寡,自由规定;关于馆中助手更可择学生中品学兼优的充任,使学生和图书馆增加亲密的感情。

(二)和公共图书馆协同经营的:这种图书馆严加区别,又各有不同,但大体上关于图书室,书架,桌子,椅子等类,由学校设备;图书杂志,图书馆员,又图书目录,由公共图书馆供给。这种办法比较学校自己设立省费,颇得一般人赞成,将来一定有良好的结果。

中学校图书馆,虽怎样经营得法,学生方面若不善于利用,也不能充分发达。所以美国近来各处中学校多设图书馆科,使学生周知图书馆利用法。今把加州奥克中学校图书馆科课程列举如下,以备参考:

一　图书的由来:

(1)太古人种交换思想所用的绘画,(2)亚叙利亚和巴比伦瓦砖文书,(3)希腊、罗马的图书制作,(4)黑暗时代和修院图书制作家,(5)印刷术的发明。

二　图书馆和图书馆史的发达:

(1)亚历山土图书馆,(2)中世纪大学图书馆,(3)王立图书馆和做图书馆长的帝王(4)国立图书馆,(5)近世图书馆的三形式。

三　参考书:

(1)参考书的定义,(2)辞书,(3)百科辞书。

四　特殊百科辞书:

(1)圣纠里人名辞书,(2)纠巴英文学辞书,(3)贾布里绘画和画家辞典,(4)布里司社会改革辞典,(5)处方和经过辞书。

五　参考书(续):

(1)乌勒铎简要参考历史,(2)政治家年鉴,(3)绅士录,(4)古典古书辞典,(5)布里氏故事成语辞典和便览,(6)佳句集,(7)诗集宝典集,(8)世界历书。

六　参考书的圣书：

(1)研究参考书的圣书的原因,(2)什么是圣书,(3)圣书的区分,(4)圣书的体裁,(5)圣书研究参考法。

七　官刊书：

(1)定义,(2)政府的费用,(3)目的,(4)官刊书材料搜集法,(5)分配的方法,(6)官刊书所载事项的种类。

八　定期刊行文书：

(1)读书家向导和他的使用法,(2)各种杂志的特质,(3)杂志的价值。

九　目录：

(1)著者名目录,(2)书名目录,(3)件名目录,(4)分析目录,(5)参考目录。

十　分类法：

(1)杜威十进分类法,(2)议院图书馆分类法。

十一　图书中容易看过的地方：

(1)序言,(2)序文,(3)表题纸出版事项,(4)献书记。

十二　索引和目次：

(1)内容目次,(2)索引,(3)特殊索引。

十三　解题：

(1)史上解题,(2)科学的事项解题,(3)英语解题。

十四　制本：

(1)制本用的材料,(2)实用本位,(3)制本类,(4)装订,(5)图书的印刷和装法,(6)各自书斋最良选择法。

十五　图书馆地志：

(1)图书的区别和排列,(2)初入大图书馆的时候应具的知识,(3)图书馆员。

十六　各自的书斋：

(1)怎样搜集图书,(2)指示十二种所好的图书,(3)各州图书馆规则。

第三节　大学校和图书馆

图书馆和大学校更有密切不可分离的关系,差不多自从开办大学校就附设有图书馆。大概中小学校的图书馆,重在养成儿童或青年读书的习惯,并谋相当的娱乐,所以中小学校多半设有图书馆科,教授种种利用图书馆的方法,一方面为现在享受,他方面为将来的预备。至于大学校是高等教育,重在研究高深学理,学校教师不过指示途径,学生自修仍然倚赖图书馆。倘若大学校没有图书馆,无论什么大学必不能算真正大学,并且大学里边设有研究科,预备学生自行研究,更不可缺乏图书馆。

大学校图书馆在大学方面虽然是最重要的机关,究竟是从属的关系,因此他的发达程序不得不随大学校为转移。在起初的时候,大学图书馆受古代课程的影响,偏重古典科,关于其他法科,医科,神学科等专门学科,藏书极少,加以前此采用教科书制度的古风教授法,更无大图书馆的必要。到了现代,大学校各分科都是平等进行,不分轻重,教授法也采用新制,因此大学校图书馆遂有长足的进步。今把近今大学新教授法列举如下,以明大学校和图书馆的关系:

(1)多书法:近来教育上一般的倾向,有所谓从少书法移到多书法,向来讲义笔记教科书以及其他古风教授法,现今各国大学校渐次减退。在校学生凡研究一种科学,必须参考许多的书籍,再由同化作用取得新结果,这些许多的书籍,自然是非得有图书馆储藏活用不可。

(2)事件法:最近教授法里边有所谓事件法,如法科教室须有关于诉讼案件和判例,教师讲授必须根据这种事件,不得专发空论。不但法科,医科也是这样,如医案医方之类。又其他各科参考书性质虽然各有不同,但是根本上也和事件相等。如历史政治学,社会学,古典学,文学各方面,都是利用参考书。学校教授仅编目录,指示学生阅览,或使学生按日阅书若干,摘要呈览。这些事件和参考书全靠图书馆来贮藏。

(3)助教制度:在大学校里边每一科目置教授一人又置助手若干人,叫做"助教"。这种助教,一方面做教授的助手,他方面做学生的领袖。譬如一科目每周应授课三时间,把两时间正式上课,授以讲义,其余的一时间不拘形式,使助教和学生自由讨论。助教虽不出席教授,却时常能给学生相当的训练和补助,并鼓吹读书的趣味,补助学生读书。助教的功用既然是这样,所以凡有助教的大学,他的图书馆的图书利用数目一定增加。

(4)成绩考查法:以前考查学生成绩,仅限于正课或缺席时间的多寡。近来除正课以外,并且考查所读的参考书或读书时间的多寡。数年前,哥仑比亚大学改正授与学士称号规程,评定学生学力,关于讲义方面,每周只要十时间以上的出席,一方面虽然减少讲义时间,他方面却增加读书时间,结果利用图书数目增加,图书馆事业因此也就日渐发达。

大学图书馆因组织形式不同,约分三种:第一在校里边设一中央图书馆,大学各科必须参考时,可向中央图书馆借出一部分,存在别室,这种制度曾行于康乃尔大学。第二各科参考室设在图书馆附近以便就近检索图书,这种制度曾行于哥仑比亚大学,有人把他叫做哥仑比亚式。第三各科所用的参考书,设特别图书馆,叫做部馆,曾行于爵斯阿布大学。现今大学教育范围日见扩张,一校常有许多分科,各分科不必定在一校,彼此距离很远,一大学仅设一图书馆,决不够用,因此部馆制日渐发达。今把伊利诺威大学各部馆情形列举如下:

各部馆名称	位置	藏书册数
哲学心理教育图书馆	林肯馆	10,500
古典图书馆	同上	13,800
近代语图书馆	同上	19,400
英语图书馆	同上	15,500
史学政治学图书馆	同上	21,800
经济社会学图书馆	同上	16,650
博物图书馆	博物学馆	19,000
法律图书馆	法律馆	18,500
商业读书室	商业馆	1,000
建筑图书馆	工科馆	3,200
农业图书馆	农业馆	4,600
化学图书馆	化学馆	5,000
物理图书馆	物理馆	1,000
数学图书馆	博物学馆	3,300
铁道采矿图书馆	运输馆	1,000

大学校图书馆,不仅在大学校占重要位置,更开放使社会一般人,都能享受利益。这种影响,第一可以打破借出图书地域的限制。第二,可以使图书馆利用率增进。这种办法在美国尚未普及,一般人民,对于大学校图书馆,并不能享受多利益。在德国各大学图书馆常有总合图书目录,并有各馆互贷的制度,所以一般人民对于全国所有的图书馆都可以利用,这是德国图书馆界的特色。

第六章　图书馆和社会教育

第一节　讲演和图书馆

社会教育里边有所谓讲演,也是一种独立机关,他的效力也不小,对于不识字或程度较浅的人,更其有效力。但是近来图书馆为扩充自己范围起见,也常附带讲演,稍大的图书馆,常备有讲堂,预备讲演使用,图书馆员也非常热心兼办这种事业。因此普通讲演大有被图书馆讲演吸收之势。

考求图书馆讲演的起源,起初不过关于图书很通俗的讲话,如关于图书的发行顺序,版画制本,以及图书处理法,保存法,都用很平易的话讲演。又图书馆利用法,阅览人的心得,图书分类的纲领,目录的编制,图书的出纳,也在讲演范围以内。随时作有名书物的解题,新刊图书的介绍批评,使一般人知道图书馆利用法,并唤起对于图书的趣味;有时就一般听众易解,并且有益或特殊的题目,前后数回,或十数回,为有系统的讲演,此外更扩张到历史,地理,科学,文学,美术,产业各方面;讲演时或应用幻灯添趣味助理解。

图书馆讲演有定期的,有不定期的,有馆员自行讲演的,有聘专门人才讲演的,但在未开讲的时候,必须先把讲题,讲演人,内容项目,用印刷品公告大众;这种印刷品空白地方可以把图书馆所藏的目录印入,有时更可以刊登商家广告,补助印刷费,不失为一举两得的方策。

近来图书馆讲演范围更其扩张,不单对于图书馆自身有利益,使图书利用率增加,更对于市民有莫大的效力,使市民有一种觉悟。一九〇五年美国密执安州革拉多公共图书馆特聘密执安大学医科学长博亨博士讲演结核病,当时一方面设法把关于结核病图书公告大众,一方面函请全国结核病预防调查会秘书官,请他利用这个机会,设立地方分会,数月后,又开结核博览会,会期内又继续讲演,更分发十万以上的印刷品,全市民都知结核病可怕,市参事会又支出多数预防费。自从有了这几回讲演以后,全市结核病死亡率减少百分之九十,可见他的效力伟大了。

第二节　大学教育普及事业和图书馆

近来欧美各国小学教育总算很普及了,但是大学教育因为种种关系总难普及。一般热心教育的人为普及大学教育起见,常用下列三种方法:(一)大学普及讲演,(二)大学指教学级,(三)组织读书俱乐部。这三种方法都和图书馆有密切的关系。今分别说明如下:

(一)大学普及讲演:大学校为普及大学教育起见,特举行大学讲演,使未入学的人民能受和大学相等的教育。这种讲演始于一八六六年,冈比黎日地方的巡回讲演以后,冈比黎日大学、伦敦大学也办这种事。一八八五年,牛津大学更加入同盟,合三大学为一体,加以种种改良,有极完善的组织。近来这种事业在英国境内非常的普及,最近伦敦市每年冬期约有五十组以上的讲演。不但英国是这样,一八九〇年,美国费拉得尔裴亚组织美国大学普及组合,北部各州大学都开始举行讲演。方法分三种:(1)一年间长期讲演,(2)一学期间学期讲演,(3)临时各地短期讲演。短期讲演不是这种运动的目的,不过引起一般人来听前两种讲演的一种手段。学期讲演大抵一科目讲演十二次,每次讲演时,教师预先把讲演要旨,参考书目,课题,印发各会员,以便有预修的机会,讲演完结时,更得令会员就课题提出论文,加以评定。有时笃志学业的人组织学级,继续长期讲演,在一定时期内举行,试验成绩佳良的,给与证明书,可以认为有从事相当职业的资格。以上各种讲演,可以促进知识欲望,使人就各项题目得读良好的书籍,养成思想的习惯,暗示系统研究的方法,使人利用。最良的图书馆又指导人在自宅自修的法则。所以这种讲演多在各都市公共图书馆举行,谋相互的便利。中国北京以前的学术讲演会和这种讲演性质有些相近,不过他们办法不甚完善,并且没有良好的图书馆做中心,所以成效不大。讲的人尽管讲,听的人因为没有参考书可看,也就听得没有趣味,听上好几次也就不愿再来听了。

(二)大学指教学级:大学普及讲演一种变相,和他有密切关系的一种大学普及事业是大学指教学级。这种办法是最近伦敦劳动组合代表联合委员为现时服务人员所创办的,无论在市内何处,若有三十名现时服务人员集合成一学级,各员若愿遵守规则出席,无论何时各委员当替他们介绍讲师。这种学级,听有秩序的讲演,就一种题目或有互相关系的各种题目,继续三年以上的,研究他的结果,给与业务上极好的影响。在需要技术的社会,极力奖励这种办法,近更由实业方面渐次研究人文科学。他和图书馆的关系,和大学普及讲演相同,不必赘述。

(三)读书俱乐部:前段所说的学级组织,要有一定的时日,集合一定的地方。倘若有业务上的关系,不能按时聚会的人,就不能加入,只得组织读书俱乐部,置部长一人,各部员又推选才能相当的人辨难析疑,和选择研究的题目。这种俱乐部必须和公共图书馆联络,以便取得关于研究事项的书目或图书,今录伦敦某读书俱乐部规约数条如下,以见他和图书馆的关系:

第一条　设本部在伦敦管下列各事：

(1)读书俱乐部和公共图书馆组织俱乐部时,和图书馆有关系的人协同管理一切。

(2)作成部长候补人的名簿。

第二条　伦敦本部把俱乐部数目和部长的住址姓名通知当地图书馆,各支部也是这样,图书馆长就会长所定的研究题目,会合的场所或日期,把有关系的书名,通知俱乐部,此外关于有益的图书,并设法购买以备借阅。

第三条　图书馆员做名誉会员时,共读团可把关于各题目的最好书目录供给图书馆。

第四条　各图书馆长可把国民共读团杂志记事转载在图书杂志。

第五条　共读团准备各俱乐部幻灯,利用模范讲演和一般的讲演。

第六条　共读团使用图书馆讲堂或其他各室时,应组织和图书馆协同的俱乐部。

第三节　实业界和图书馆

当现时工商业时代,占市民里边最大部分的,就是实业界。他们对于国家负担既然很重,他们需要知识又很切,所以图书馆方面不能不设法经营供他们利用。经营方法大概有两种:(1)附设实业部,(2)特设实业图书馆。

(1)附设实业部:最早实行附设实业部的是纽约公共图书馆,以后波斯顿的大都市图书馆也采用,近来公共图书馆,从事此方面的事业,渐渐多了。经营的要件,第一,要多买工商业图书,使内容充实;第二,要置专门馆员管理其事,以图阅览人的便利;第三,要把所藏的图书公告利用的人,并须应阅览人的请求,随时购买必要的图书。

（2）特设实业图书馆:实业图书馆在英国最发达,其中主要的如苏格兰格剌斯哥的商业图书馆。这个图书馆是一九一六年创办的,所用的馆员都是对于商业图书馆方面有特别研究的。图书分类,极为注意,并作清晰图书索引,设质疑问难用的电话,每日二次用自动车搬运图书,应各方面的需要。此外各处工场多有设立自用图书馆的,无非谋实业界的便利。

第三篇　图书馆经营法

第一章　图书馆经费

第一节　创办费

经营图书馆,首先要筹备创办费。别种事业因为性质不同,对于创办费或者需用很少,或者竟不需要,惟有经营图书馆,要有特别建筑,特别设备,非有大宗创办费不可。创办费应当研究的有三项:(一)来源,(二)标准,(三)分配。今分别说明在后边:

(一)来源:图书馆创办费的来源约分三种:(甲)教育费,(乙)捐助金,(丙)募公债。

(甲)教育费:图书馆是一种教育机关,创办费当然从教育费里边开支,国立图书馆从中央教育费开支,省立或县立图书馆从地方教育费开支,以上是直接的。此外还有间接的,如学校附设图书馆的创办费,从学校教育费里边提出一部分。教育费创办图书馆,本来是至当不易的事情,各国多半是这样,但是这种来源是固定的,临时创办图书馆,很不易筹,不如捐助金易于举办。

(乙)捐助金:创办图书馆需款很多,教育费不能敷用。在私立图书馆纯粹持私人捐助,乡村图书馆多由绅董捐助,公家拨教育费补助,国立或其他公立图书馆,也有持捐助金做大宗费用的。总而言之,创办图书馆经费,捐助金要算最好的来源,捐助金愈多愈好,捐助金多,教育费可移做常年费,图书馆可以永久发展,不至难乎为继。美国人士热心公益,对于图书馆尤其乐于捐助,据一九一九年调查,全国图书馆捐助金有五千多万元美金,内中有四分之三是富翁卡勒几捐助的。卡勒几对于图书馆具特别热诚,凡城市想创办图书馆的若得他的援助,全部创办费都由他担任。我国教育经费短少仅学校一项尚不够开支,若欲创办图书馆,非得提倡捐助金不可。

(丙)募公债:图书馆创办费自然以捐助金为最适当,但捐助来源的旺盛有两个要件:(一)人民对于公益事业热心,(二)人民对于图书馆观念明了。倘若人民素来不热心公益事业,又不明了图书馆观念,捐助金就不可恃。不得已,只有募公债的一法,预计需创办费数目,然后募集公债,又按图书馆常年费用数目,规定偿还年限,从常年费里边按年摊还。这种移常年费做创办费的方法,设立的机关既不感痛苦,大规模的图书馆又容易成立。英国常采用,所以英国图书馆预算表里边常有还债一项。我以为中国将来若果创办各地较大的图书馆,非募债不可。不过现在也有人反对这种主张,以为借债只可办生产事业,如办实业等类,若办图书馆决不相宜。不知生产品有属于物质的,有属于精神的,图书馆是精神生产品的机关,募债创办,未尝不可;况且图书馆和实业界很有关系,图书馆可设实业部增进实业知识;那么募债创办图书馆不但无害,而且大有利益了。

(二)标准:创办费的多少,筹备的时候不可不有一定的标准。标准有二种:(甲)人口,(乙)常年费。

(甲)人口这是依需用图书的程度做标准。又叫做客观的标准。人口多,图书也要的多,建筑和设备更要宏大完备,因此创办费不能不多,但人口和图书的比例应当怎样?据美国公立图书馆收藏册数的标准,从部分和全体规定,居处近馆的每二人至五人平均分配一册,按全体计算,每十人分配一册。依这种标准,人口十万的区域,应藏书二万或五万册;不过这种标准也不一定,倘若附近人口都是爱阅书的,每人分配的册数就不止此,或多或少,非从

70

别方面规定不可。

（乙）常年费：这是依维持图书馆的能力做标准，又叫做主观的标准。图书馆规模大，每年需用的经费多，规模小，需用的经费少。常年费的来源比较固定，不易伸缩，所以筹备创办费当拿常年费做标准。常年费少，图书馆规模不可大，不然，就不能维持下去。倘若常年费多，图书馆规模不妨大。据英人布郎氏所计画，譬如有一万元的常年费，建筑设备等费就要四万元，购书费还不在内。从此可以推出全部创办费。英国图书馆建筑不如美国的华严，若在美国因为建筑费要多，创办费更不能不多，所以筹备创办费要视各国各地的情形，或多或少，不能一概而论。

常年费和人口比例，并无一定，往往目数有相差很远的，与其拿人口做标准，不如拿常年费做标准，较为妥当。今举美国郡立图书馆人口和经费比较表以见一斑。

馆 名	人口	经费
萨克满多郡立图书馆	67,800	23,600
恺尔恩郡立图书馆	37,700	34,600
撒他克郡立图书馆	83,500	11,400
撒他巴巴若郡立图书馆	27,700	16,500

（三）分配：创办费是一个总名称。这种费用分配起来，不外下列四种：（甲）建筑，（乙）设备，（丙）图书，（丁）事务。

（甲）建筑费：做生意的要门面堂皇，所以商店的开办费，修理门面费，占一大宗。图书馆和商店一样，也要讲究门面，并且内容如藏书室，阅览室，都要有特别建筑，和普通屋宇不同，用钱更多。普通计画总要占创办费三分之二，或十分之六，譬如十万元创办费，建筑费可用六万元，但也有例外，如当地建筑材料大贵，费用可以增多，如地址原系旧有，不必新购，费用也可减少。

（乙）设备费：建筑费和设备费性质上本难区别；譬如玻璃窗汽管等费，本是建筑费，一方面也可说他是设备费。照这样说起来,建筑费和设备费,不但可以彼此通融,并且不必划分,不过有当研究的,图书馆的设备和别种设备不同,如书架,桌椅等类要有特别形式,不能假借市上一般用具,费用也较市上一般用品多,所以图书馆创办费有特别规定的必要。图书馆创办费就大概情形计算,设备费要占十分之二,譬如创办费十万元,设备费就得用二万元。

（丙）图书费：图书虽然是图书馆唯一的财产,但一时不可过多,除旧有或临时别人捐助以外,创办时宜少购图书,等到开办以后,随时添置。倘开办时购书太多,就有两种毛病：（一）时间仓卒,不暇选择,所购的图书,不免滥竽充数,虚耗金钱。（二）册数繁夥,不易整理,不能从速开馆,迟延时日,所以普通计算创办图书馆,图书费仅占创办费十分之一,譬如创办费十万元,图书费只用一万元。倘旧有或捐助的较多,更可把图书费提出一部分以后随时添置。

（丁）事务费：创办图书馆为节糜费起见,事务费愈小愈好。事务费包含办事人薪俸和一切的杂支,这种费用是无偿的开支,易于浮滥,普通规定不得超过创办费十分之一,譬如创办费十万元,事务费只可占一万元。

日本创办费预算表

创办费总额（圆）	建筑费（圆）	设备费（圆）	图书费（圆）	事务费（圆）
500	300	100	50	50
1,000	600	200	100	100
5,000	3,000	1,000	500	500
10,000	6,000	2,000	1,000	1,000
50,000	35,000	7,000	5,000	3,000
100,000	70,000	10,000	8,000	12,000
150,000	100,000	25,000	10,000	15,000
200,000	140,000	30,000	12,000	18,000

创办费总表

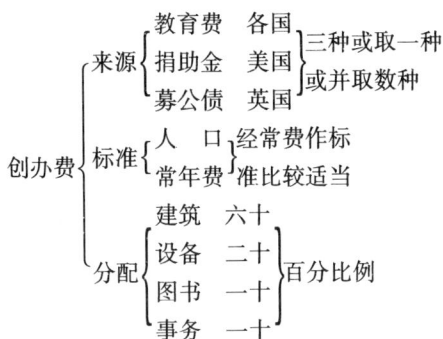

```
        ┌ 来源┌ 教育费  各国 ┐
        │     │ 捐助金  美国 ├ 三种或取一种
        │     └ 募公债  英国 ┘ 或并取数种
创办费  ┤ 标准┌ 人  口 ┐经常费作标
        │     └ 常年费 ┘准比较适当
        │     ┌ 建筑  六十 ┐
        └ 分配│ 设备  二十 ├ 百分比例
              │ 图书  一十 │
              └ 事务  一十 ┘
```

第二节　常年费

常年费是维持图书馆的常年经费,要有固定久永两种特性,不能仰给捐助金或募公债,来源当属于教育费。这种教育费或从一般教育费拨给,或另抽图书馆税都可以;但是有时也有提出捐助金一部或全部作基本金,靠余利维持图书馆的,这种余利,就变为教育费,不是捐助金。又经常费无一定标准,当随各地经济情形规定,和创办费不同,关于经常费所当研究的,就是分配问题,经常费分配不外下列三项:(甲)薪俸,(乙)图书,(丙)杂支。

(甲)薪俸:常年费里边薪俸要占大部。不明图书馆真相的人,以为图书馆是藏书楼,专任保管图书,馆员不必高明,只要能管理筦钥,就得了。再进一步也不过保存出纳,把馆员的职务看得很轻,程度看得很低,所以把薪俸定得很少,其实大错特错。因为图书馆员要能活用图书,责任既然非常的重大,能力也要格外的健全,图书少一点到无妨,只要管理的人多能够把他活用。譬如经商资本虽少,用得灵活,一万可以抵十万。近来图书馆员多半是图书馆学校毕业生,具有专长,薪俸更不能不厚。普通计算,图书馆常年费薪俸约应占十分之五,譬如每年有一万元经常费,薪俸可开支五千元。

(乙)图书:图书费不妨少一点,这句话初听起来似乎不在道理。其实不然,前边曾经说过,图书不必要多,只要能活用,但是图书虽不妨少,也要有最低的限度,普通计算图书馆每年添置图书费约占常年费十分之三。图书费又包含三种:(一)图书费,(二)装订费,(三)报志费。据美国多数图书馆的平均数,图书费占百分之十七有零,装订费占百分之七有零,报志费占百分之三有零,总计约占百分之三十。

(丙)杂支:杂支包含表册,文具,消耗,修缮,以及其他一切杂用。在普通事业,杂支越少越好,在图书馆却不能过少。图书馆若设有分馆,同时更有巡回图书馆,杂支更要的多,普通约占常年费十分之二左右;但是有时不妨更稍多一点,这种理由,仍然和前边薪俸必须多一点的理由相同。

据英国图书馆制度,常年费薪俸占百分之四十九,图书占百分之三十一,需用占百分之十九。美国图书馆统计,常年费薪俸占百分之四十六,图书占百分之二十一,杂支占百分之三十三。日本图书馆统计,经常费达万元以上的薪俸占百分之四十二,图书费占百分之二十七,杂支占百分之三十一,和英美两国比例不相上下,但是常年费比较少的,薪俸占百分之三十五,图书占百分之四十五,杂支占百分之二十,分配已不算适当。至于中国,既无比例法规,实际上又不能分析,前此法校图书馆发出图书馆调查表经费栏内,曾列薪俸,图书,杂支三项,各馆填报的多不能分析,无法作统计;间或分别填明的,都是随意分配,比例失当,不能讳言。

此外还有当研究的,就是创办图书馆的时候曾经募集公债,以后每年应摊还本利,有这种情形的时候,常年费应当怎样的分配?据英国图书馆制度,若是图书馆负有债务,常年费里边先除去每年应摊还的数目,然后再从余数里边分配各费。譬如常年费有十万元,每年应摊还本利三万,必先除去三万元,然后从七万元里边分配各费,照前边所说的比例,薪俸应占二万八千元,图书杂支应各占二万一千元。

今列英国图书馆常年费分配表在后边以备参考。

岁入总额 （磅）	偿还借款及 利息（磅）	常年费总额 （磅）	薪　俸 （磅）	图馆费 （磅）	需用费 （磅）
3,000	750	2,250	1,007	790	459
2,500	620	1,880	877	640	358
2,000	500	1,500	757	480	263
1,500	375	1,125	604	330	191
1,000	250	750	456	180	114
500		500	254	105	141
100		100	40	22	38
平均	百分率	100	491	313	196

第二章　图书馆建筑

照历史上看来,以前的图书馆,大概是把王侯的宫殿寺院官厅等类做建筑物,外面虽然壮严雄大,内容却和图书馆的构造完全不同,使利用图书馆的人和办理图书馆的人都感不便。但是当时并没有改良的方法,到了十九世纪,一方因图书馆学渐成专科,一方因图书馆员积有经验,才知道图书馆建筑和别的建筑目的用法都不相同,所以特别唱导图书馆建筑。

图书馆注重建筑,欧洲各国唱导较早。十九世纪,大英博物馆图书馆长巴利兹氏和德国哈列大学图书馆长铎维氏首先提倡改良图书馆建筑。巴利兹氏发明圆形式中央阅览室。一八五六年,把大英博物馆改造。一八七六年,铎维氏也提议改造哈列大学图书馆,并改良管理法,以后这种目的达到,哈列大学图书馆在德国图书馆界才有特别声誉。美国图书馆发达较迟,十九世纪末尾,才有完备的建筑,但是美国人民勇于进取,对于图书馆建筑本是步英国后尘,不到三十年的工夫,图书馆的改造和新筑数目很多,并且能够独出心裁,使世人惊叹羡慕,欧洲各国反去效法。即如英国以前以为大英博物馆是国内惟一图书馆,曾投许多金钱,加以改造,后来因为看见美国图书馆建筑的宏壮华严,也渐渐改造。又如德国也是这样,把柏林王立图书馆大加改造。可见美国图书馆建筑影响的大了。今把美国重要图书馆略举几个在后边,从此可见一般。

馆名	建筑年代	建筑费用(万元)	面积(坪)
议院图书馆	1,899	12,700,000	4,400
纽约公共图书馆	1,911	12,000,000	2,400
波斯顿公共图书馆	1,888	4,900,000	1,400
芝加苛公共图书馆	1,897	4,000,000	1,300

图书馆建筑和图书馆效用有密切的关系,在未开始建筑图书馆以前,对于位置的选择,要格外审慎。第一,要适中,图书馆所以便利阅览人,为阅览人往来便利起见,馆址当然要适中;城市图书馆应在城市的中央,学校图书馆应在教室的中间,其余乡村图书馆也应当设在大家往来较便的地点,以免偏枯。第二,要清静,图书馆的位置虽然要适中,但是适中地点若太烦扰,也不相宜,不如另择清静地方,譬如城市的中央,正当生意繁盛的区域;各教室的中间,正是全校学生出入的孔道,就不相宜。第三,要广阔,图书馆址不但要清静,并且要广阔,地址广阔,空气才洁净,适于卫生,并且地址广阔,不与民居接近,可免火灾。日本帝国图书馆设在公园,有人提议把中国国立图书馆设在天安门,很有道理,我极端赞成。

位置既定,然后从事建筑,建筑的要件有三个:(一)美观,(二)坚固,(三)合用。美观又有三种要素:(一)陈设雅致,(二)形式宏壮,(三)装饰华丽。雅致使人精神安适,宏壮使人心思旷达,华丽使人留恋不舍。坚固有三种要素:(一)材料结实,石最上,砖较次,木最下,(二)结构谨严,疏密适度,隔离安全,(三)根基稳固,基脚深宽胜重经久。合用有四种要素:(一)分配适宜,(二)设置完备,(三)光线清朗,(四)空气流通。以上各项都和图书馆事业有关系,不可缺一。至于分配适宜,设置完备两项,尤关紧要,除列全表以外,并特别说明在后边:

```
                    ┌ 陈设雅致
              美观 ┤ 形式宏壮
                    └ 装饰华丽
                    ┌ 分配适宜
建筑三要件 ┤   合用 ┤ 设置完备
                    │ 光线清朗
                    └ 空气流通
                    ┌ 材料结实
              坚固 ┤ 结构谨严
                    └ 根基稳固
```

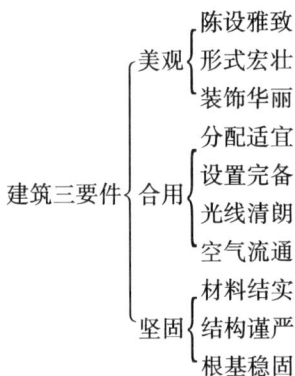

　　内部各室分配,怎样才算适当? 这是随图书馆规模的大小各有不同,但是要在能够彼此联络,最忌的是散漫式。规模较小的图书馆,室数很简单,各室多互相出入,无一定的位置。规模较大的图书馆,采中心式,这种建筑法,是近来发明的。过细区别,又分两三种:最美观的大阅览室,在全馆的中央,前后左右,设其他各室。英国博物馆,美国议院图书馆,哥仑比亚大学和加州大学图书馆,都采用这种式样。

　　内部各室名称繁多,在大图书馆常制图表陈列各室作为指南,但大概不外三大部分:(一)藏书室,(二)阅览室,(三)事务室,以下分别说明应当注意的设置事项:

　　(一)藏书室:图书馆最重要的部分,就是藏书室。要注意的有三点:(甲)保存图书,(乙)多藏图书,(丙)出纳便利。

　　(甲)保存图书:图书保存又有三点要注意:(一)火患,(二)光线,(三)空气。避免火患的方法,最好和民房离开,构造材料用不易燃烧的。大图书馆当有防火的装置,如水管等类。藏书室择光方法,据历来经验,日光直射有损图书,窗宜开在北方,比南方相宜,或用窗帘遮蔽。万一光线不足,白天也可用电灯,比日光温度低,免损图书。藏书室若有数层,除最下层以外,每层楼板可用玻璃,白大理石,或有细孔的铁板。玻璃和细孔铁板可以通上下的光线,白大理石虽然不能通上下光线,却能够反射从左右窗户所来的光线或电灯光线。楼板中央应设大孔,通上空气和光线。书架脚要高不可和楼板密接,也是预备通气或透光。玻璃和大理石楼板,办事人往来恐发生摩擦声音,可把人行道上用可拉克制的敷物或里诺利乌母涂抹。潮湿,秽气尘埃,有损图书,为避免这种灾害起见,楼的最下层距地要稍高,空气要流通,窗户不可当街。

(乙)多藏图书:藏书室能够多藏图书,第一,要书架的构造排列都要适当,第二要建筑合法,书架每格不可太高,约七寸至一尺,书架彼此距离不可太远,二尺五寸至三尺。建筑方面,楼的每层不可太高,约七尺五六寸至八尺,仅能容书架,免有空隙自然能藏多书。

(丙)出纳便利:为谋出纳便利起见,藏书室应和阅览室接近。在小图书馆阅览室和藏书室往往不分,书架放在阅览室的左右或后面。稍大一点的图书馆,藏书室和阅览室分离,但不可距离太远。两室距离中间近来新发明装置空气管,一端和藏书室连络,一端和阅览室出纳台连络,专为从出纳台输送借书券使用。又设送书器,这种送书器是一种自动升降器,专从藏书室出纳图书使用。送书器上边的容书器要敷有软皮或厚呢等类,收拾图书时以免发生音响。送书器效用极大,在稍大的图书馆建筑时,就应当装置,在美国议院图书馆和议院中间,并设有这种器具,以为借还图书之用。

以上所说的是一般的藏书室,此外有特别集书,如美术书,乐谱,特许报告,统计报告,议院议事录,官厅记录,地图印画,名家遗书,私人大批赠书或专门问题集书,也可以设特别藏书室,但是这种藏书室,往往和阅览室合并。最普通的如替盲人设的点字本,阅览和藏书都在一室。又乐谱室旁边更可设钢琴室,预备练习乐谱,但必须特别建筑以免琴声外漏,有碍阅览。

(二)阅览室:阅览室种类很多,但是有要共同注意的地方。

第一,清朗,光线不可太强,须采取北方的光;第二,肃静,不可和出入口接近,以免人声喧噪。以下就各种阅览室分别说明应当注意的地方。

(甲)普通阅览室:普通阅览室是馆内最大的室,无论什么图书馆,都是有的,但形式也有好几种。较大的图书馆所采用的是圆形,八角形,长方形三种。圆形的中央应筑一坛,上面设出纳和监视席,周围置目录柜。采光的方法,普通从上方透入,室内光线普及,外界喧噪也不能入。阅览坐位都向坛心排列,成光线放射形式,如议院议员席。伯明罕图书馆、英国博物馆图书馆都采这种形式。八角形的效果和圆形略同。美国议院图书馆、哥仑比亚大学图书馆都采这种形式。长方形最普通,这种阅览室两端距离较长,必须设两个监视席,屋顶离地在十六尺以下,室较小的也可稍低。波斯顿公共图书馆、芝加哥公共图书馆都采这种形式。

(乙)特别阅览室:这种阅览室采光换气和普通阅览室相同,但容积较小,为专门学者著述参考的地方,若是和藏书室合并,室的周围应安设书架,以便陈列参考图书。

(丙)报志阅览室:日报杂志有共用一室的,有分设二室的。阅览日报阅览人态度稍为不同,不免有稍许噪杂声音,这种阅览室离其他阅览室要稍远。

(丁)儿童阅览室:儿童阅览室应设在楼下以免儿童升降的危险。阅览室以外应设复习室,复习室四壁应设书架,置小集书,阅览室就不必,但要格外美观。

(戊)妇人阅览室:妇人本无另设阅览室的必要,即或为家政烹饪等参考设专室,在建筑上并无区别,不过英国及日本图书馆,常为妇人设阅览室。中国各学校既然男女合班上课,图书馆何尝不可同室阅书。

(己)展览室:图书馆里边的贵重图书和珍奇物品,必须把他陈列出来,供人阅览。大图书馆除一般的贵重书以外,又设印画类

80

陈列室,古来货币陈列室,当地古物陈列室。地方图书馆专设关于乡土图书室,又平常虽不设陈列室的图书馆,有时也临时开特别展览会,因此图书馆不可不建筑展览室。

以上各种阅览室除展览室外,都设有桌椅,以便坐阅图书。大概成人每人应占二十方尺至二十五方尺,儿童占十八方尺左右,不必过宽,也不可过窄。建筑时就应当事先计算所容阅览人的多少,然后定阅览室的大小。

(三)事务室:事务室包含最多,除有特别情形以外,各室应接近藏书室和阅览室。小图书馆也有一只事务室,办理一切事务的,但大图书馆分科繁多,不但分室,并且一事有占数室的。今分别说明在后边:

(甲)关于馆务的:

(一)监理室,(二)参考室,(三)贷出室,(四)巡回图书馆管理室,(五)编目室,(六)登录室,(七)解包室,(八)装订室,(九)印刷室,(十)打字室,(十一)讲演室,(十二)消毒室,(十三)夫役室,(十四)杂品室,(十五)机器室(电灯暖房发动机),(十六)其他。

(乙)关于馆员的:

(一)评议员室,(二)馆长室,(三)秘书室,(四)馆员室,(五)会议室,(六)会客室,(七)会食室,(八)休息室,(九)厕所,(十)厨房,(十一)其他。

(丙)关于阅览人的:

(一)研究室,(二)誊写室,(三)写真室,(四)食堂,(大图书馆附设饭店),(五)寄物室(阅览人携带的物件),(六)豫备室,(七)洗手室,(八)休息室,(九)厕所,(十)其他。

现今图书馆经营的要素,在于馆员的安逸,馆员身心安逸,然后能率增进,所以大小新筑图书馆,对于馆员休息室和食堂等特别注意。

以上各室,有数事合为一室的,有一事占数室的,随乎图书馆规模大小决定。又有火炉或人声噪杂的,如装订室,消毒室,以及厨房等类。又如附设图书馆学校并应设教授室和实习室。

建筑图书馆不可仅顾目前,应预先计画,为后来扩张的地步。地址广阔的可建平房,要用各室,都在一层以内。地址较狭的,可建楼房,贷出室报志室儿童室等,以下层为宜,普通或特别阅览室,陈列室,讲演室等可设在上层,至于机器室消毒室等非设在地下不可。

建筑形式繁多,今略举数图:第一,第二,第三,是简易图书馆所采用的;以后三图,规模较大,第四图是纽约图书馆,第五图是林都尔图书馆,第六图是议院图书馆。

第一图　凹字式

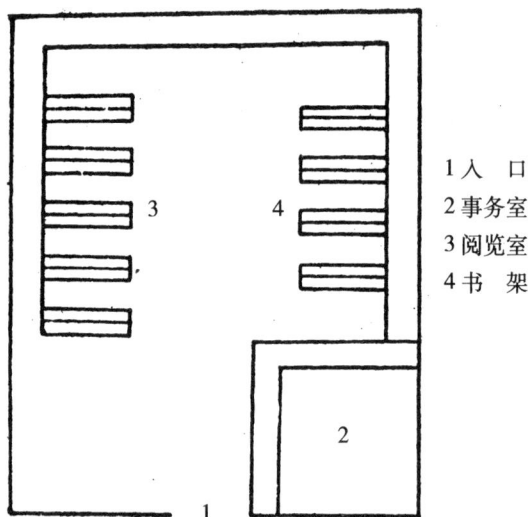

1 入　口
2 事务室
3 阅览室
4 书　架

第二图　书库式

1 入口
2 阅览室
3 收发所
4 藏书室

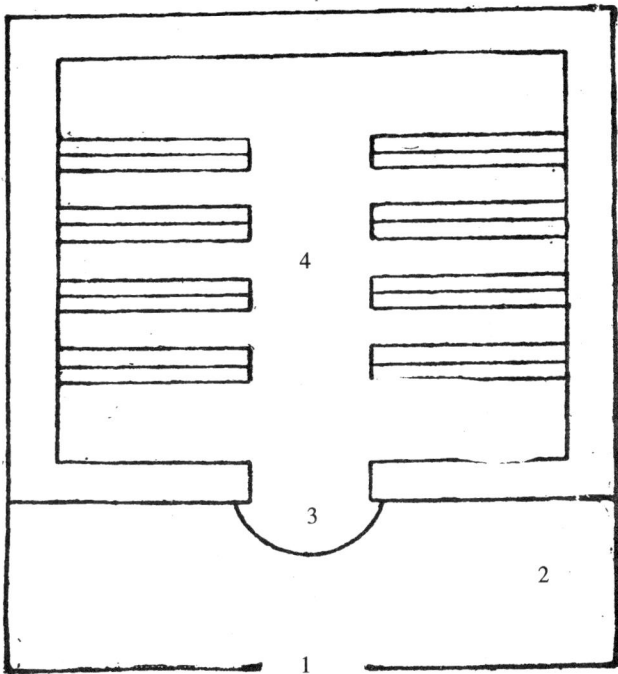

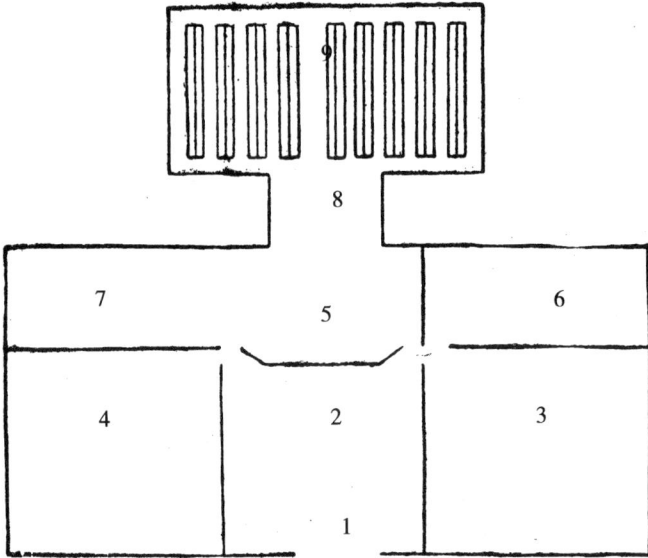

第三图　T字式

1 入口　　　　　5 出纳室
2 馆外贷出室　　6 特别阅览又
3 普通阅览室　　　妇女阅览室
4 儿童阅览室　　7 事务室
（分割为目录室　8 走廊
又使用于新闻　9 藏书室
室等亦可）

84

第四图 蝴蝶式

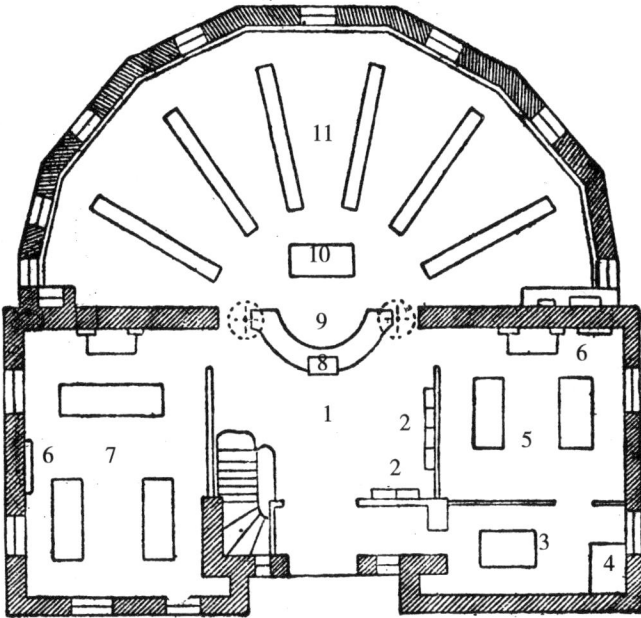

1 休息室	7 阅览室
2 报纸	8 目录片
3 馆长室	9 出纳处
4 书桌	10 桌
5 儿童阅览室	11 藏书室
6 杂志	

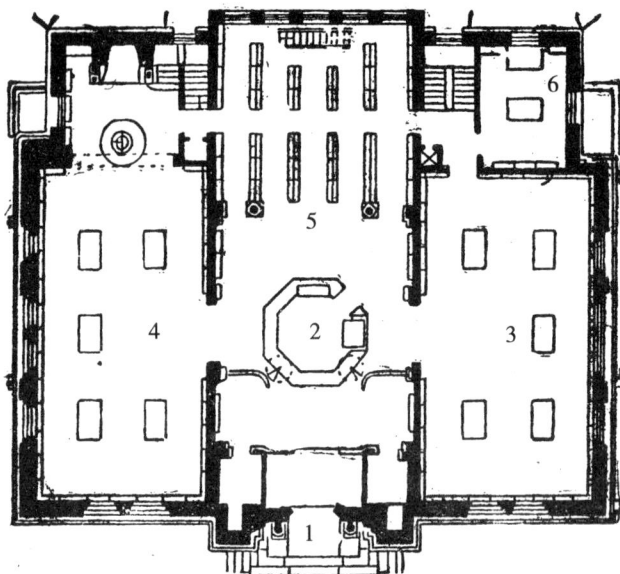

第五图　蝴蝶式

1 入口

2 收发台

3 阅览室

4 儿童阅览室

5 藏书室

6 馆员室

第六图　中心式

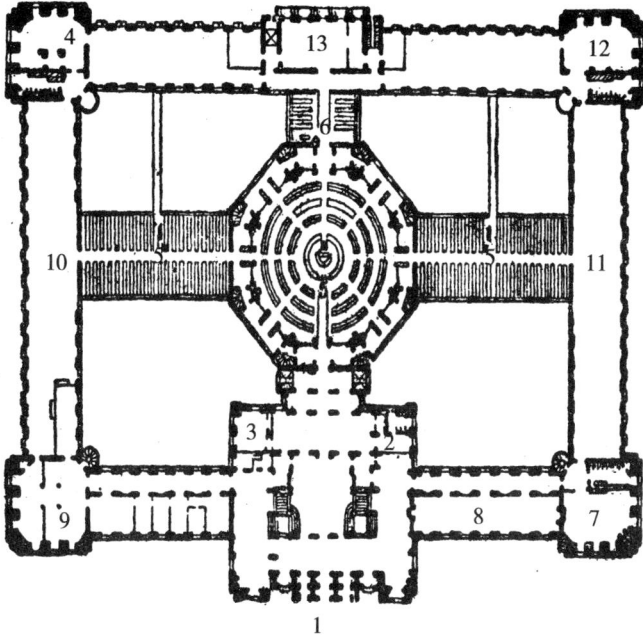

1 入口　　　　　　　8 下院议员阅览室
2 挂号处　　　　　　9 图书室
3 馆员室　　　　　　10 地图室
4 收发台　　　　　　11 杂志新闻室
5 阅览室　　　　　　12 目录室
6 藏书室　　　　　　13 书史室
7 上院议员阅览室

第三章　图书馆设备

设备和建筑本有些相混,前章已经说明,本章单说设备中用具一项。图书馆用具非常繁多,除和普通用具相同的不必说明外,就是属于专门用具,也不能一一说明。今就馆中最重要又最特别的分别说明在后边:

(一)出纳台:图书馆如同商店,图书馆出纳台就是商店柜台,比其他用具尤为紧要。出纳台通常设在藏书室和阅览室接连地方,以便出纳图书。若在圆形或八角形阅览室,也有设在阅览室中央的。前边的一种用凹字式,平直面向阅览室,凹处设座,以便出纳图书和监视阅览人;后边的一种用半圆式,馆员坐在中央。台的长宽要随馆的规模大小规定,高度总不过二尺五六寸,制造材料应选择坚牢木质,台上应铺软皮或厚绒,以免图书接触时发生声响。台的前面用同样木质,胶塞完密,后面应有开放门,内设庋板和抽屉。台下置阅览票,架两边可设新书陈列架,从台到阅览室和藏书室中间应有狭隘通路,和自由开关的门,以便出入。台上出纳图书地方,在大图书馆往往仿照银行或邮政局的装置,形式用铜铁栅栏,分别出纳口,台的位置通常是固定的,间或有移动的,这是建筑的关系,不必一定。

(二)书架:图书馆书架如同商店货架,不但要坚牢,并且要合用。书架形式分两种:一壁书架,靠墙设立,小图书馆阅览室和藏书室合并时,当然采用这种样式。大图书馆的普通阅览室和特别阅览室里边也有采取这种样式的。二两面架,两面均可藏书,通常藏书室都采用这种样式。无论何种书架,高度约七尺五六寸,取置最上层图书,不必用梯。书架底层离地至少二寸,以防污损。顶上加盖薄板以遮尘土。从顶到脚约分七八层,每层距离高低不等,所藏的图书若依大小排列,最下一层高约一尺四五寸,以容巨册。所藏的图书若依分类排列,每层距离不妨相等。近来新式每层隔板都是活动,可以任意上下,板架深六寸五分,两面合用的合计一尺三寸。但两面排列图书,中间应当一二寸空隙,以便流通空气,最好深一尺四五寸。架宽从二尺四五寸到三尺五六寸,若太宽,排列图书太多时,架板中央恐要下垂。倘非贵重的图书,不必安门,然后取置便当,并且能够自由流通空气。制造书架的材料,最好用钢铁,一可任重,二可防火,三不占地位。东西各国较大的图书馆没有不用钢铁制造。若嫌钢铁太冷,可涂白色物质,或用木质做衬。若不得已用木材制造,应选坚牢木料,最好用樟木,这种木材发生香气,可免虫患,松木多油质,污损图书,万不可用。两面用的书架,陈列藏书时,彼此距离从二尺五寸到三尺,以便馆员往来。若书架公开,距离当更要远,约四五尺,以便阅览人往来。又新书陈列架,也是书架的一种,放在阅览室,陈列新出图书。这种书架通常前面嵌有玻璃或敷金类。阅览人要求阅览时,馆员从后面开启,取出图书,交给阅览人。其实这种办法,不必采用,新出图书,知道他的内容的很少,应当公开,任人取阅才是。这种研究,属于管理范围,现在不必多讲。

(三)杂志架:杂志和一般图书不同,应制特别架收藏,高六尺五六寸,深几寸或一尺,宽五尺,内分六列十格,共六十格,可容杂志六十种。西洋杂志形势较大,格也要大,在大图书馆应另外制架,各国杂志分架收藏。

(四)新闻架:收藏新闻纸要另制架,新闻纸大概用两开的报纸再双叠起来,长约二尺,宽约一尺五六寸,架格也要照这样大才好。

（五）目录柜：近来目录通常用目录片，收拾目录片的东西，就是目录柜。制造目录柜的方法，仿佛像药店的药柜一样，架置若干抽屉，上下左右并列。成人用的，上层高三尺三四寸，下层一尺五六寸，抽屉长约一尺五六寸，深约三四寸，和目录片高低相当，抽屉里边前后穿一铁签，连贯目录片，以免散失。也有不用柜，制木盒收藏目录片，盒上加盖，内容分格，略同抽屉。开馆时把盖去掉，闭馆时再行盖上，小图书馆可以采用这种样式，比柜的价值较省。

（六）阅览证架：阅览证架和杂志架大致相同，不过空格较小，通常高一尺七八寸，宽二尺四五寸，深六七寸，分做十列五格，下边更可加抽屉。收藏阅览证，也有用盒的，和目录盒相同。排列阅览证的次序，在外国按字母的顺序，中国可按字旁或笔画。

（七）阅图书棹：阅览室的阅书棹，高约二尺四寸，至多不得过二尺六寸，上面务必倾斜，最好用皮或绒敷在上面，下边加以小栏，以免图书滑落或移动作声。接近案面的地方，应当设架，以便阅览人安放物件。

（八）阅报志台：报志台形式很多，但想使阅览人得以安坐台面应当倾斜。日报台宽约二尺，陈列日报。杂志台，宽约一尺三四寸，陈列杂志，这种可两面对看，或一面沿壁均可。又日报有用架张挂，可立而阅的。

（九）图画架：悬挂地图和画片最占地位，若数目太多，悬挂墙壁也不能尽挂，又不雅观，务必用架。这种架以不占地位为最好，用轮齿形架，中心用直轴，周围安薄板，如轮形板，和轴连接处，最好用纽，以便推动。板的大小可拿画图的大小做标准，太小的画图，数图张在一板也可。这种架也有沿壁设立的，尤其便利，但只能用半轮，如广告牌的样子。

（十）图书押：图书排列在架上或棹上，必须用押，以免倾倒。押的制法如直角三角形的板。垂直的方面通常钻有孔，其实不便。

制造材料普通用铁叶,上面涂洋漆,以免生锈。近来中国也有用白铜制的,尤其精美,但价稍贵。

书架

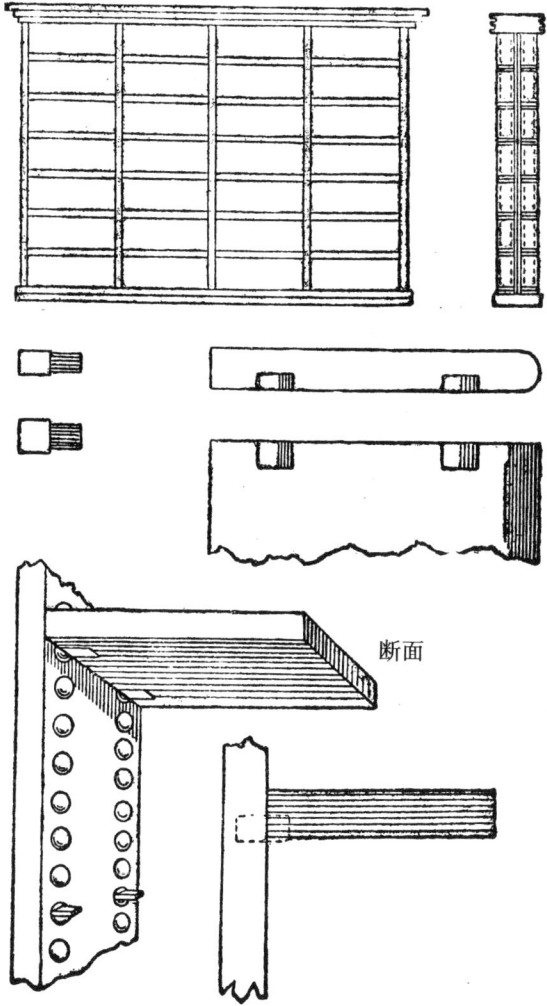

断面

91

第四章 图书馆支部

图书馆越普及越好,为普及这种事业起见,不能专靠图书馆的本部经营。图书馆本部极不容易,就是简易图书馆,关于经费建筑设备三方面,却得要粗具规模,不可缺一,至于组织管理方面,也不可忽略。照这样办法,想事业普及,非常的困难,因此不可不有辅助本部的图书馆的支部。这种支部虽然有莫大的效用,但对于本部是一种附属机关,组织管理都很简易,就经营的顺序说,不能不后于本部。支部又分三类,(一)图书分馆,(二)图书代借处,(三)图书阅览所。分别说明在后边:

(一)图书分馆:银行有分行,图书馆也有分馆,图书分馆经营法和总馆不甚相同,经费不能独立,须从总馆支给。其余的建筑和设备,也不如总馆的完备,容易经营,但效用非常的大,举出来约有二种:

(甲)常年费可以减省:一总馆设无数分馆,各分馆除普通必备的图书以外,其余珍贵不常需用的,可以不买。如阅览人索阅时,可向总馆通融,图书费可以大省。在取半独立的制度的分馆,用人行政概由总馆代办,如购书,制本,分类,编目等事,不必自理,薪俸杂支都可以节省。一总馆能多设分馆,比经营独立图书馆费用既省,有余力更可多经营分馆,使图书馆教育普及。

(乙)阅览人可以增加:分馆所管的地段小,易知地方人民的需要,购买适用的图书,供给阅览,结果必定使阅览人增多。并且分馆多,使人民接近图书馆的机会多,自能引起读书观念。如其不然,只知注重总馆的经营,无论怎样宏大,效用一定不大。所以创办图书馆,与其用大力经营大规模的总馆,不如总馆规模稍小,多分余力经营分馆,效用还比较大。

(二)图书代借处:邮局为寄信人方便起见,设有信柜和信筒,图书馆为借书人方便起见,设有图书代借处。这种图书代借处和信柜一样,多设在杂货家具和药房等商铺里边,使人民在购物时,得借书的便利。借书的方法,借书人把借书券交由商伙汇交图书馆取书,再转交借书人,图书馆年给商铺津贴若干。这种津贴,或按日期或按册数计算均可。其实不必设在商铺里边,就同信筒一样,设在通衢,阅览人把借书券投在筒里边,图书馆按时来收,并送付图书,更为省费,惟交还图书不如前项便利。图书代借处的办法,不要建筑和设备,经费既省,效用尤大。近年美国极其兴盛,芝加哥图书馆有图书代借处七十多处,其余稍大的图书馆,也多有设立的。

(三)图书阅览所:图书阅览所和图书馆的阅览室相同,就是替图书馆多设几个阅览室。图书由馆中供给,每处数十册或数百册,定期更换。这种支部设在十字街头,救火会,警察局,大工厂,火车站,俱乐部,学校,公园等处。设在学校里边的最普通,由图书馆分配图书到各校教室,或在各校里边另辟一室,专供校内学生阅览。美国巴弗诺图书馆有教室阅览所四百多处,流通图书二万多册,收效的大,可想而知。又公园里边地位清静,于读书尤其相宜,更应设阅览所。北京中央公园虽设有阅览所,可惜和外国阅览所性质不同,并且公园办理不善,游园的人另有目的,所以阅览人很少。

以上三类支部,第一类能阅览又能借出,第二类只能借出,不能阅览,第三类只能阅览,不能借出。第一类当然完美,惟用费较多,不能普及,最好第二类第三类合并。图书馆既可省费,阅览人又可自由。如万一不能多设阅览所,代借处就不能不多设了,这是经营图书馆所应当注意的。

除以上三种支部以外,又有巡回图书馆,日人叫做巡回文库。这种图书馆和图书馆的支部有同一目的,效力比较还大。这种办法是十九世纪起头,英国苏格兰地方发明的,以后传到美国。二十几年以前,纽约州立图书馆仿照办法,总馆用书箱藏书送借到各分馆,或其他有法定资格请愿的私人,方法严密,效力宏大。到现在各国稍大一点的图书馆,都附设这种图书馆,因为和管理法有关系等到以后再说。

第四篇　图书馆组织法

第一章　管理部

第一节　组　织

图书馆有管理部,如同国家有行政部,行政部处理国务,管理部处理馆务。管理部是馆长和各科组织成的,分科的多寡随图书馆的大小而定,稍大的图书馆通常分下列十二科:

选书科,

购书科,

收受科,

编目科,

藏书科,

出纳科,

阅览科,

参考科,

装订科,

庶务科,

文书科,

会计科。

除以上各科以外,还有设统计科,总管各科统计事务。更大的阅览科又分新闻,杂志,图书等阅览科。若附设儿童阅览室,又设儿童阅览科。参考科又分各种专门学科参考科,纽约州立图书馆又设有教育普及科。美国议院图书馆设有板权科,目录片贩卖科,写本科,地图科,音乐科,板画科。但是无论什么图书馆,主要分科总不外前项十二科,至于小图书馆也有不到十二科,只设购书,目录,阅览,庶务等科的。

　　馆长以外,有副馆长,馆长以下有秘书,馆长和各科主任组织馆务会议,议决馆内一切事务。以上是图书馆的本部,以下再说图书馆的支部。图书馆的支部,图书代借处,图书阅览所,和巡回图书馆组织都很简单,只设管理员就可以;惟有图书分馆组织和总馆大略相同,设馆长和各科,分馆馆长,有独立的,有由总馆馆长兼任的。大概分馆较多的各分馆都有独立馆长,以专责成。分馆也可设图书代借处,图书阅览所,巡回图书馆,今把系统图列在后边以备参考:

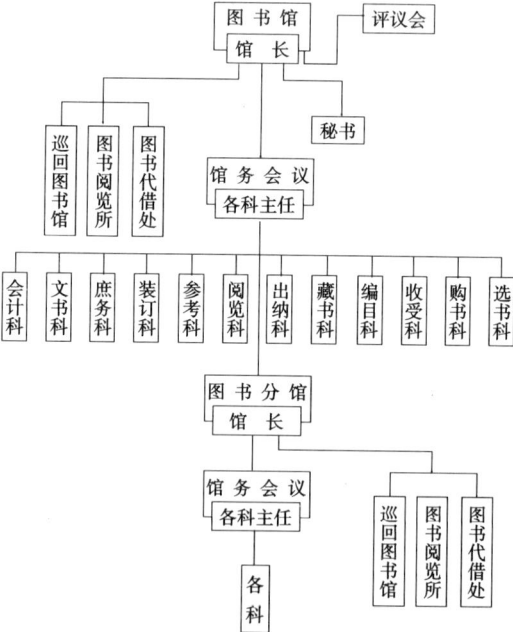

図書館 館長 ── 評議会

秘書

巡回図書館　図書閲覧所　図書代借処

館務会議　各科主任

会計科　文書科　庶務科　装订科　参考科　閲覧科　出納科　藏书科　編目科　收受科　購书科　選书科

図書分館 館長

館務会議　各科主任

各科

巡回図書館　図書閲覧所　図書代借処

100

第二节　职务

馆长是全馆的首领,总揽全馆事务,各科辅助馆长分任一部事务,今分别说明各种职务如下:

(一)馆长:馆长对外是全馆代表,对内是行政首长,馆内重要事务,都由馆长主持,就是馆内细事除非法规上有明文委任办理的,总得由馆长认可。馆长对馆内有善良管理的责任,对于属员有进退黜陟的权柄。大图书馆馆长对于馆务不必躬亲,只要命令或裁可,命令裁可的手续,用签字不得用口传,以免贻误。小图书馆馆长也有兼任一科或数科事务的。

(二)副馆长:副馆长帮助馆长主持馆内一切事务,命令裁可时有副署签字的义务,馆长有事故时,并得代行职务。大图书馆事务繁多,必须设副馆长,小图书馆无设副馆长的必要。

(三)秘书:秘书是馆长的事务机关,管理馆内机要事务,图书馆对于外界有重要交涉,或用馆长名义,和外界交涉时,都由秘书代办。又馆长对于馆员的进退黜陟,或对于馆内有所命令禁止,也由秘书代办。秘书和馆长直是一体,秘书所做的事就是馆长所做的事,小图书馆馆长对于上列各事务都由自己办理,不必设秘书。

(四)选书科:选书科管理选择图书事务。选择图书责任重大,不但调查名称,并且要考查内容。选择既定,然后开呈馆长签注,经馆长许可的,再开交购书科,选书科和购书科事务相关连,所以有把选书科合并购书科的。

(五)购书科:购书科管理购买图书事务。经馆长许可购买的图书既经选书科开明,必须和馆内所藏的图书核对有无重复,如确无重复,然后向书店定购。

(六)收受科:收受科管理图书收受和登记事务。外来图书有购买的,有赠送的,应当分别统计。赠送的除登记以外,应当设法申谢。寻常小图书馆也有和购书科合并的。

（七）编目科:编目科管理编制目录事务。约分四项:(一)分类,(二)书目的翻译,(三)目录的编定,(四)目录的保管。事务繁多,并且重要。

（八）藏书科:藏书科管理收藏图书事务。约分四项:(一)图书的收藏,(二)图书的保存,(三)书架的整顿,(四)藏书的统计。小图书馆通常合并出纳科。

（九）出纳科:出纳科管理出纳图书事务。约分三项:(一)图书的借阅,(二)图书的贷出,(三)借阅和贷出的统计。借阅限于馆内阅览时,有阅览科管理贷出及于馆外,手续较繁。

（十）阅览科:阅览科管理阅览图书事务。这科事务极其繁重,(一)阅览人的指导,(二)阅览人的监督,(三)阅览室的管理,(四)阅览科的统计和报告。

（十一）参考科:参考科管理图书参考事务。约分三项:(一)图书的校订,(二)图书参考的指导,(三)图书参考的答复。

（十二）装订科:装订科管理装订图书事务。小图书馆图书若有损坏,多就书店装订,不设专科。

（十三）庶务科:庶务科管理一切杂务。大约可分五项,(一)器具物品的添置,(二)馆役职工的监督,(三)设备和修葺,(四)关于参观招待等事,(五)不属于他部的事务。

（十四）文书科:文书科管理来往公文事务。大约可分两项:(一)公文的起草,(二)公文的收发,此外馆中纪录也归文书科管理。

（十五）会计科:会计科管理会计事务。可分二项:(一)预算和决算,(二)出纳和报告。学校图书馆经济往往不能独立,会计事务由学校会计管理,不必另设专科,其余各小图书馆也有把会计文书等事务合并庶务科分股办理的。

第二章 馆员

第一节 资格

馆员的意义有广狭两种：广义的馆员包含服务图书馆一切职员，上从馆长，下到练习员，都叫做馆员；狭义的馆员就不同，仅指图书馆里边各科主要职员。现在所说的馆员是广义的。广义的馆员分下列四种：

（甲）馆长；

（乙）馆员；

（丙）事务员；

（丁）练习员。

（甲）馆长：馆长责任重大，资格极严，在创办图书馆的时候，更其紧要。倘若馆长选任不得人，经营失当，必定永不能恢复。充当馆长第一要精通图书馆学问，第二要富有图书馆经验，此外更要洞悉社会情状，备具干事才力。

（乙）馆员：馆员是图书馆中坚分子，位置虽然比馆长稍低，事务却比馆长较繁，不但要有学识经验，并且品行才能也要良好，最好是专门大学毕业有学位的，或有专门学识的，或是图书馆学校毕业的；此外若有以下各种资格也可以：（一）在新式图书馆有二年以上经验的，（二）有考订或校雠学问的，（三）精通外国语言文字的，（四）有教育上办事成绩的，（五）熟习公事或公文书的。

(丙)事务员:事务员事务比较简单,在馆长或主任指挥监督之下,办理图书馆各科专门事务,就是上级助手,要有以下各种资格的一种:(一)专门大学毕业的;(二)图书馆学校或有图书馆科的师范学校毕业的;(三)在新式图书馆办事有经验的;(四)通晓外国语言文字的。

　　(丁)练习员:练习员就是下级助手,帮助馆员或办事员办理各科简单事务,借以实地练习,造成专门馆员。在附有图书馆学校的图书馆练习员,多半是学生;此外要有下列各种资格的一种:(一)中学校或师范学校毕业的;(二)图书馆学校或图书馆科毕业的;(三)图书馆讲习会毕业的;(四)通晓外国语言文字的。

　　以上所举各种资格,都是指大图书馆说,若是小图书馆经费不足,或是乡村图书馆规模太小,不易聘请专门人材,不妨降格相求。小学校附设图书馆也有请本校教员充当馆员的,但是也要有些图书馆知识,并且为人要诚实可靠。欧美各国对于图书馆员多采试验制度,试验有无图书馆学识,但是应试人也要有相当的资格。今略举各国试验状况如下:

　　(一)英国:英国图书馆员的养成,图书馆协会所负的责任很多,时常开夏期图书馆讲习会。大图书馆采图书馆员试验制度,初试试验作文,数学,历史等问题。复试试验拉丁语,希腊语的翻译和作文,并试验现代外国语两种,如德法意法德意均可。复试及格的更要两年实地练习,必须关于图书经验最优的,才有主任图书馆员的资格。

　　(二)美国:美国养成图书馆人材的机关更多。当一九一八年,对于年俸九百元或千二百元馆员,也曾举行试验。试验科目分图书馆经济学,(三十单位)目录编纂,分类和书史学,(三十五单位)德语或法语,(十单位)教育学,或实际经验(二十五单位)等科,投考资格要有相当的图书馆学校或讲习会修学一年,更有一年实地经验,或者在最新式图书馆有三年以上实地练习的人。

（三）法国：法国对于馆员也采试验制度，试验及格的有主任图书馆员的称号。

（四）德国：德国图书馆员资格比法国严重。候补图书馆员要有八个条件，条件大部分是关于学力的，但是里边也有关于体格的证明和两年的义务学习。合这些条件的，然后准其学习二年，在学习期间不给薪俸，学习期满，再受主任馆员的试验，试验科目分图书馆经济，书史学，关于文字和书籍的历史，外国语言文字，或更要有古代文字史，或关于古代印刷的知识。

（五）意国：意国候补图书馆员要年龄十七岁以上，三十岁以下，在高等学校修学八年，试验意大利文学古文，或东洋语的翻译，法语的翻译。及格以后，更要在大图书馆实习二年，实习期满，再受专门试验。这种试验时期大约要三天，笔试和口试并行，及格后授以主任图书馆员名称，可以做图书馆长。

以上所举各国试验制度，多对于主任馆员举行。这种主任馆员，都有做馆长的资格，所以进升极难。至于普通馆员如办事员等类不必采用试验制度，但有当注意的，凡是馆员无论馆长和练习员除学力以外，都要应当具有德行才能，因此人品上的资格也不可不具备。今略举如下：

（甲）外观上：

（一）容貌：容貌和悦，衣履整洁；

（二）举动：举止闲雅，语言爽利；

（三）声音：声气清细，音调明晰。

（乙）事务上：

（一）机械的事务：手续清楚，办事敏捷；

（二）文笔的事务：心思精细，注意周到；

（三）精神和社交：有向上心，无骄矜气；

（四）品格和性情：品格高尚，性情温和。

（丙）高等事务：

（一）毅力：辨别敏慧，视察周到；

（二）天才：处置适当，因应有方。

以上列举关于馆员德行才能都是积极一方面；此外消极方面有两件事当注意的：

（一）不可加入政党：图书馆是教育事业，应当无偏无倚，馆员一入政党，一切举动必有所偏倚，有失图书馆的本旨。

（二）不可涉于急躁：图书馆馆员如同商店商伙，应事接物，要不惮烦琐，若稍涉急躁，不堪繁剧，必失阅览人的欢心。

第二节　待遇

图书馆馆员资格既然严重，待遇就不可不优厚。待遇里边最要紧的有两层：（一）薪俸；（二）休养。今分别说明在后边：

（一）薪俸：前篇曾言图书馆经常费里边，薪俸占大宗；馆员薪俸应当优厚，自不待言，但薪俸的分配，要有等差；小图书馆和大图书馆自然不同，即同一图书馆，馆长和练习员也不一样；薪俸多寡不可不有一定标准。中国图书馆教育幼稚，图书馆馆员薪俸没有定章，今举英美两国薪俸标准以便参考：

（甲）英国：英国图书馆采取特殊课税法，常视馆中收入多寡，定职员薪俸高下。今把英国图书馆职员薪俸等级统计表列后。

馆长 { 甲（即小馆）　年俸七百元至二千元（甲）常年费五千元至一万元
乙（即大馆）　年俸四千五百元至七千元（乙）常年费十万元以上

副馆长 { 甲——年俸四百元至九百元
乙——年俸一千八百元至三千元

分馆长 { 甲——年俸七百元至一千元
乙——年俸七百六十元至一千六百元

助手长 $\left\{\begin{array}{l}\text{甲——年俸三百五十元至七百八十元}\\\text{乙——年俸七百五十元至一千七百元}\end{array}\right.$

上级助手

男子 $\left\{\begin{array}{l}\text{甲——年俸二百元至八百元}\\\text{乙——年俸五百二十元至一千三百元}\end{array}\right.$

妇人 $\left\{\begin{array}{l}\text{甲——年俸百三十元至七百八十元}\\\text{乙——年俸三百元至九百元}\end{array}\right.$

下级助手

男子 $\left\{\begin{array}{l}\text{甲——年俸百三十元至五百二十元}\\\text{乙——年俸二百元至五百元}\end{array}\right.$

妇人 $\left\{\begin{array}{l}\text{甲——年俸百二十元至三百六十元}\\\text{乙——年俸百五十元至五百六十元}\end{array}\right.$

最近英国图书馆协会总会提出馆长和副馆长薪俸案,把图书馆分做十一级,拿人口和征税的多寡做标准,分别薪俸的高下:

图书馆等级	馆长等级	薪俸(磅)	人口(口)	征税额(磅)
第一级	馆长	250－300	10,000	50,000
第二级	馆长	300－450	50,000	100,100
第三级	馆长	375－550	100,000	200,000
	馆长补	250－350		
第四级	馆长	425－600	150,000	200,000
	馆长补	280－400		
第五级	馆长	500－700	200,000	400,000
	馆长补	300－450		
第六级	馆长	550－800	300,000	500,000
	馆长补	350－500		
第七级	馆长	650－900	700,000	750,000
	馆长补	400－550		
第八级	馆长	750－1,000	500,000	1,000,000

（续表）

图书馆等级	馆长等级	薪俸（磅）	人口（口）	征税额（磅）
	馆长补	450 – 600		
第九级	馆长	850 – 1,100	600,000	1,500,000
	次长	500 – 700		
	馆长补	400 – 500		
第十级	馆长	1,000 – 1,250	800,000	2,000,000
	次长	550 – 750		
	馆长补	400 – 550		
第十一级	馆长	1,200 至 1,500	1,000,000	3,000,000
	次长	600 – 800		
	馆长补	450 – 600		

又英国图书馆助手协会制定的图书馆从业员薪俸等级表，也可参考，今把他录在后边：

下级助手

十六岁	年八〇磅
十七岁	一〇〇
十八岁	一二〇
十九岁	一四五
二十岁	一六〇
二十一岁	一八〇

上级员

人口五万以下的市町村

（甲）馆长或馆长补	三〇〇磅	进至三五〇磅
（乙）分馆长部长助手长	二五〇磅	进至三〇〇磅
（丙）上级助手	二〇〇磅	进至二五〇磅

人口五万至十万

（甲）馆长或馆长补	三二五磅	进至三七五磅
（乙）分馆长部长助手长	二七五磅	进至三二五磅
（丙）上级助手	二二五磅	进至二七五磅

人口三十万至四十万

（甲）馆长或馆长补	四二五磅	进至四七五磅
（乙）分馆长部长助手长	三七五磅	进至四二五磅
（丙）上级助手	三〇〇磅	进至三五〇磅

人口八十万至九十万

（甲）馆长或馆长补	五五〇磅	进至六〇〇磅
（乙）分馆长部长助手长	五〇〇磅	进至五五〇磅
（丙）上级助手	三〇〇磅	进至三五〇磅

（乙）美国：美国图书馆员薪俸比英国更优，最近联合委员会建议把馆员分做十二级。今把各级薪俸数目列举如下：

第一级　图书馆助手年俸一千二百元至一千六百元。

第二级　头等图书馆助手年俸一千三百二十元至一千三百八十元。

第三级　图书馆助理员年俸一千八百元至一千九百二十元。

第四级　头等图书馆助理员年俸二千二百八十元至三千元。

第五级　头等编目和分类员，分部图书馆二等特别管理员，年俸二千七百六十元至三千二百四十元。

第六级　参考研究助理员年俸三千元至三千七百五十元。

第七级　议院图书馆，分类科长，杂志科长，特别书籍科长，年俸三千二百五十元至四千元。

第八级　议院图书馆目录片科长，购买科长，印刷科长，音乐科长，分部图书馆头等特别管理员，年俸三千五百元至四千五百元。

第九级　议院图书馆阅览室审查员，书目科长，编目科长，稿件科长，公刊科长，分部图书馆事务管理员，年俸四千元至五千元。

第十级　议院法律管理员年俸四千五百元至五千五百元。

第十一级　立法参考事务主任年俸五千元至六千元。

第十二级　议院图书馆副总理,公共图书馆总理,年俸六千元
　　　　　至七千五百元。

参观以前所列各种薪俸等差表,英国最高级馆长有多至六百镑的,美国有多至七千五百元的,薪俸数目差不多和中国各部总长相等,固然是英美财力雄厚的表现,但不是这样,也决不能够罗致学识品行才能兼全的人员。

馆员薪俸等差最要注意的,就是递减的比例。馆长和馆员以及其他办事员练习员要依次递减,彼此不可相差太远,设若馆长薪俸是一千元,主任馆员总要有八百元或七百元,倘若只有五百或四百元,骤然减少一半,数目相差太远,阶级分别太严,必使馆员不安心服务。又和薪俸有连带关系的进级,加薪,公积恤金等法则,也得要分别规定,不可忽略。

又前边所举英美两国图书馆员薪俸等级,是指一般较大的图书馆。倘若乡村图书馆经常费太少,馆长一席可由绅董兼任,名誉职不支薪俸,但馆员薪俸不可太薄,要和小学校教员薪俸相等,或者还要多一点。小学校附设图书馆,不必设馆长,馆员一席由教员兼任,略给津贴就得了。至于大学校图书馆,组织完备,规模宏大,馆长薪俸应和教授相等,或者超过;馆长以下各员可依次递减,但是不可比他项职员还少,这是近来各国大学图书馆常例,不同中国学校图书馆毫无标准。

(二)休养:待遇图书馆员,不能专靠金钱的供给,精神上也要有相当的休养。图书馆事务纷繁,耗费脑力的地方很多。学校教育授课时间有限,余暇的时候,还可休养,回复精神,并且每年照例有寒假暑假两个长期的休养。图书馆那就不同,小图书馆开馆时间或者较少,大图书馆常整天开馆,也不会有寒假暑假,休养的机

110

会很少。前此美国格兰德亚比司图书馆馆长拉勒克氏曾在美国图书馆协会对于图书馆员休养发表极恳切的言论，拉氏说："图书馆员事务比那一种事务都辛苦，不可不有相当的休养，"他又说："图书馆员里边年岁不满五十，就因为衰老不堪任事、退职的很多，就个人所知道的，近五六年来约有五十名，不知道的还不知有多少，这五十名里边有死去的，有请假疗养的，有入保养院的，不但放弃职务，并且沉溺苦海，我们同业到了这种地位，不可不设法救济。"拉氏这种言论很惹起美国图书馆界注意，因此极力研究图书馆员休养方法。

英国图书馆发生比美国早，法制也比美国完备，图书馆员休养方法很可参考。英国图书馆员休假照例有，休假的长短随馆员等级分别，大图书馆常给馆员长期的休假，使馆员休养心力和体力，直接优待馆员，间接促进馆务。今把英国图书馆员休假标准列举如下：

馆员等级	休假期间
馆长	三星期或四星期
支馆长	三星期
部长（即各科主任）	三星期
上级助手	二星期至三星期
下级助手	二星期

参观英国图书馆休假期间表，可知图书馆员休养的重要，但是还有两件事和休假有密切关系，不可不注意：（一）办事轮值，（二）办事时间。办事不轮值，各自死守一职，有一部分馆员休假，图书馆就得要歇业。办事时间分配失当，每日疲劳过度，长期休假所得也不能偿所失。

第三章 评议会

第一节 组织

图书馆有评议会,如同国家有国会。评议会的组织应当研究的有两件事情:(甲)资格,(乙)员数。

(甲)资格:评议会的评议员因为图书馆性质不同,出身也不一样,地方设立的图书馆从各法团或公民选出,国家设立的图书馆可由教育当局就有关系的人派充,学校设立的图书馆从教职员里边选出,私人设立的图书馆更可由私人聘请。但无论何项人员,凡是充当图书馆评议员,要具有以下各种资格的一种:(一)热心教育;(二)谙练法律;(三)有图书馆的学识;(四)富建设的能力。

(乙)员数:评议会有评议长一人,是评议员推举的。评议员的数目因图书馆规模大小不同,至少要有五六人,多不妨十二三人;人数不可太少,太少不能集思广益,也不可太多,太多不易团结一致。

第二节 职权

评议会职权重大,可分三项说明:(甲)制法权,(乙)选任权,(丙)监察权。

（甲）制法权：制定图书馆法规权固然归于教育当局或图书馆协会，但各图书馆因情形差异，法规也不尽同，要临时制定；至于法规里边委任制定的规程，更应当各图书馆自己制定。但制法权也有广狭不同。普通所说的法包含一切法律规则；就广义说，馆内一切规则，如阅览规则，出纳规则，都是法。但评议会的制法权，不能这样广泛，只制定根本大法；至于馆内细则，归管理部制定。近来图书馆馆员多受专门教育，或曾在图书馆学习的，管理方面各种规则自然能够斟酌至当，制定时常由各部主管馆员起草，然后交馆长裁可，用会议形式方法决定，不必经过评议会。

（乙）选任权：评议会选任权仅限于馆长，至于馆长以下各员的选任，照例属于馆长。馆长是图书馆行政首长，和图书馆休戚相关，馆长的选任和图书馆前途有重大的关系，所以选任权不能不属于评议会。馆长所负责任既然重大，为办事顺利起见，有选任各科主任权。至于下级馆员，多由主任推荐，但委任权仍然属于馆长，不过有时馆长选任主任，也经评议会通过，这是为格外慎重起见，并不妨害事权的统一。

（丙）监察权：评议会监察权分两种：（一）事务的监察，（二）经济的监察。事务的监察在监察馆中馆员的勤惰和违法不违法。有人说馆员的监察权属于馆长，评议会不必过问，其实不然，馆长固然有民察馆员的权，但是评议员也可以帮助监察报告馆长，并且馆中馆员就广义说，包含馆长，监察馆长权不能属馆长自身，当然属于评议会。经济的监察又分基金，用费两项，保管基金属于评议会，馆长不能擅行动用，不得已要动用基金时，也得要评议会的解决。稽核用费，以免滥用，不外两种手续，就是预算决算的审查。照例馆长于先一年提出次年预算，至于决算总在一年期满以后。馆内财政以量入为出为好，但遇有扩充的必要时，馆长不妨先提出预算书，说明理由，增加支出，若经评议会认可，补偿的责任就在评议会。至于既经决定的预算案，决不可超过定额以外。

第五篇　图书馆管理法

第一章　图书的选择

第一节　选择的标准

图书馆唯一的财产固然是图书,但是图书馆也不单是图书的贮藏室。搜集图书要有一定的目的,图书馆为达这种目的起见,对于图书应有相当选择。图书馆员倘若不注意图书的选择,不但图书馆的目的不能达,并且有下列三种弊害:

(一)耗费图书馆经费;

(二)增多管理手续;

(三)妨害阅览人。

节省经费,本是美德,况且图书馆意在用最小的劳费收最大的效果,有同经济行为,用费更应当力求节省。近来图书馆经费的分配,图书费至多不过占十分之三,少或仅占十分之一。无论怎样大的图书馆,费用总是有限,倘若有一分耗费,就是有一分损失。又图书馆图书不在数多,要在活用。若对于图书不加选择,滥竽充数,徒增管理手续,虚耗馆员精力,结果必定妨碍馆务进行。至于妨害阅览人,尤其不可,图书馆的经营,本拿阅览人做对象,因为不慎选图书的原故,反有损阅览人,这种图书馆实无存在的必要。

图书固然应当选择,但选择不可不有种种标准,选择图书的标准很多,各学者意见也不一致。我的意思可分下列各种:(一)特殊的,(二)一般的。特殊的又分客观的主观的。客观的又分阅览

117

人种类,阅览人程度。一般的又分内容的外表的。图书馆员要能各方面兼顾,不可固执一端。列表如下:

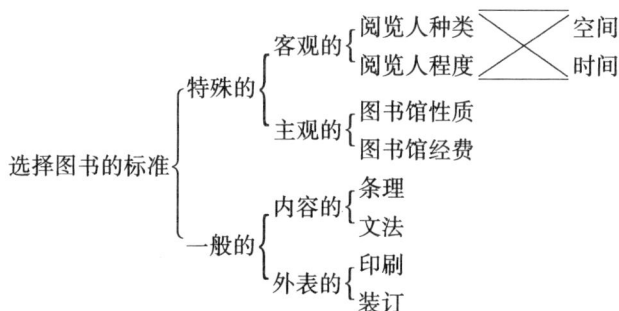

```
                              客观的 ┌ 阅览人种类 ╲ ╱ 空间
                    特殊的 ┌         └ 阅览人程度 ╱ ╲ 时间
                          └ 主观的 ┌ 图书馆性质
选择图书的标准 ┌                   └ 图书馆经费
              └ 一般的 ┌ 内容的 ┌ 条理
                      │         └ 文法
                      └ 外表的 ┌ 印刷
                              └ 装订
```

客观的标准:客观的标准是阅览人,图书馆拿阅览人做对象,是为阅览人设立的,所以选择图书,不可不拿阅览人做标准。(一)阅览人种类,(二)阅览人程度。

阅览人种类:图书馆因为阅览人种类不同,选择图书的标准就不一样,近海滨的图书馆,阅览人多属渔夫水手,应注重渔业航业。近山林的图书馆,阅览人多属农夫,应注重农业林业。近市镇的图书馆,阅览人多属工人,商人,应注重工业商业。这还是普通图书馆。若是学校图书馆,在法政学校应注重法政,在美术学校应注重美术,在体育学校应注重体育;又在同一法政学校,法律科学生多应偏重法律,政治科学生多应偏重政治,以上是空间的关系。以下还有时间的关系,阅览人种类不同,选择图书的标准也不一样。当有战争的时候,军人阅书的,多应注重军事;当开会议的时候,议员阅书的,多应注重法制。

阅览人程度:阅览人程度也可以作为选择图书的标准。乡村人民程度低下,应采浅易的图书;都市人民程度高尚,应采高深的图书;先进国家人民程度较高,应采高深的图书;半开化国家人民程度较低,应采浅易的图书。

主观的标准:教育要能适应社会,还要能改造社会,图书馆既

118

然是教育机关,就不能不具有改造社会的目的,要达到这种改造的目的,选择图书不能专拿阅览人为标准。阅览人是客观的,靠阅览人做标准,是被动的,是应付的,必须拿图书馆做标准,图书馆是主观的,拿图书馆做标准是自动的,是攻势的。现在的图书馆都取攻势的,所以选择图书,除阅览人以外,还要拿图书馆做标准。(一)图书馆性质,(二)图书馆经费。

图书馆性质:图书馆种类很多,性质不同。学校附设图书馆视学校性质为转移,农业学校多选农业图书,工业学校多选工业图书,国家图书馆是全国图书馆中心,并具有高等参考性质,图书越多越好,只要消极方面没有弊害的,其余都可以采集,选择的标准到不很难,所当研究的,就是儿童图书馆和普通图书馆。

儿童图书馆:儿童能力薄弱,不能判断,并且心地清白,容易感应。图书馆选择图书要格外注意,以免陷害儿童终身。儿童图书馆图书选择的标准,可从积极消极两方面观察。积极方面分两项:(甲)种类,(乙)内容。

(甲)种类:可分下列两种:

(1)可引起儿童的感情和知觉的,如绘画,挂图,游戏书,运动唱歌书等类。

(2)可养成儿童记忆想像和推理力的,如历史谈,人物传,地理书,童话,探险小说,读本作文书,教育书,兵书,实业,理科,数学等类。

(乙)内容:可分下列两种:

(1)要是儿童爱读的;

(2)要有文学价值的。

以上是积极方面,以下再说消极方面,消极方面儿童图书馆应避下列各类图书:

(1)描写野蛮时代人情风俗的;

(2)谈论下等社会行为动作的;

（3）纪录战争时候杀人流血的。

普通图书馆：就是公共图书馆，这种图书馆是促进社会教育的，要使一般人民有相当的知识，平行的进步。选择图书要能兼顾并筹，一方面使社会文化提高，一方面使社会文化普及。今把选择的标准略举如下：

（甲）积极方面：

（1）使人民生活丰富的；

（2）使人民品位高尚的；

（3）保持公众健全并涵养读书趣味的；

（4）促进学术进步并指导技艺娴习的；

（5）助产业发达的；

（6）做宗派代表的；

（7）关于地方或所在地人士的著述；

（8）关于古今或永久有价值的著述；

（9）小说少年文学参考书地图年表旅行指南；

（10）专门学者的专门著作并各种科学的代表。

（乙）消极方面：

（1）不可多买关于时事的；

（2）不可多买价值昂贵的；

（3）不可多买翻刻的丛书；

（4）不可多买预约的新书。

以上所举的标准，在积极方面当然不必详加解释；但是消极方面各标准，世人不免有所疑惑，不知这是因为图书馆性质不同，所以不得不慎重。关于时事的图书，虽然风行一时，不久事过境迁，就淡然漠然。价值昂贵的图书，只合于参考图书馆，公共图书馆就不相宜。至于翻刻的丛书和预约的新书，容易受人欺骗，稍一不慎，就受亏累，公共图书馆必无力负担损失。

图书馆经费：近来学术进步，出版物日渐发达，欧美各国的出版物,每年有数万种的,纵使内容都很完善,也要斟酌经济状况,分别取舍,决不能尽量购买,通常图书费占馆费十分之三。这三分对于各类图书,又当怎样分配,不能不有一定的标准。在专门图书馆,无非是专门的图书,分配较多,其余的都较少,还不发生困难,所发生困难的仍然是儿童图书馆和普通图书馆。今把两种图书馆图书费分配表列下:

(甲)儿童图书馆图书费分配表:

	百分率
哲学	二
宗教	三
社会学	五
言语学	二
理科	七
实用技术	七
美术	四
文学	四
诗集	三
历史	七
旅行记	九
传记	九
小说寓言	三〇
总记类	八
合计	一〇〇

(乙)普通图书馆图书费分配表:　千分率

	千分率	
神书宗教	三〇	
哲学	四〇	⎫ 七〇
教育	三〇	⎭
文学	一七〇	⎫ 二〇〇
语学	三〇	⎭

历史	七〇	
传记	八〇	二一〇
地志纪行	六〇	
政治行政	三〇	
法律	四〇	
经济财政统计	三〇	
社会	二五	一六五
家政	二〇	
兵事	二〇	
数学	二五	
理化博物	三〇	
医学	三〇	一七〇
农业商业工业交通	二五	
美术	六〇	
诸艺	二五	四五
总计杂书	二〇	
学徒	五〇	
本地和本地人著述	六〇	
合计	一〇〇〇	

内容的标准:选择图书的时候,不问种类性质怎样,内容总要完善。内容的标准可分二种:

(1)条理清晰,

(2)文法正确。

外表的标准:选择图书不但要靠内容,也要顾及外表。外表的标准可分下列二种:

(1)印刷精良,

(2)装订坚牢。

第二节　选择的方法

　　前节所举的特殊和一般种种标准,倘若能够遵守,选择图书总不会大错;不过中外古今图书繁多,图书馆馆员不但不能一一知道他和选择的标准合不合,并且连图书名称都不能一一知道,因此不能不有下列四种工具:

　　(甲)目录,

　　(乙)解题,

　　(丙)书史,

　　(丁)报志。

　　(甲)目录:图书目录详载图书名称,著作人,发行所,价值等项;并且集许多图书在一册,使人一目了然,可供选择图书的参考。因为种类不同,价值也不一样。

　　(1)各图书局分送的目录,

　　(2)专门学者编辑的目录,

　　(3)图书馆藏书印刷目录,

　　(4)教育团体选定的目录。

　　第一种是图书发行所所发行的广告目录,图书发行所为招来生意起见,常邮寄各处,这种目录很容易取得。第二种是私人编辑的目录,这种目录多半出自专门学者的手,选择较严,如日本竹贯氏的儿童书目中国张文襄的书目答问等都是。第三种是图书馆的藏书目录,选择比较兼全,若是大图书馆更其宏富,各国大图书馆都有印刷目录,就是中国四库也有书目。第四是教育团体选定的目录,比前一种更好,前一种还有搜集的性质,总难免有滥竽充数的毛病,至于这一种,纯是经多数人再三审查的,确知道他的好处,才能被选,要算最良好的目录。

（乙）解题：解题和目录相近，但比目录详尽，每一种书名以后加以小注，说明本书的内容等类，即如四库全书总目录，就兼解题体裁，这种解题分四种。

（1）出版处解题，

（2）图书馆员解题，

（3）专门学者解题，

（4）阅览人解题，

第一种是书局的解题，图书局为广消场起见，对于出版的图书，常加以解题。这种解题附在图书目录以前，或附在性质相近的图书后边，但是商人为牟利起见，设法刺激一般人好奇心，称赞每过其实，不足参考。第二种图书馆员解题，是就阅览的目的和阅览人的性质做标准，介绍图书的价值和特色。这种解题有记述的评价的比较的和决定的长处，中国古来无图书馆，各藏书家目录及四库总目里边，也附有解题，可供参考。第三种是专门学者把专门参考书介绍出来，供大家参考，这种解题比较别种解题有学术的基础，有批评的能力，有时更介绍图书的细目，很可参考。科学书类解题，多在杂志里边，关于中国古书的，如《直斋书录解题》，《郡斋读书志》，都是很好的解题。第四种阅览人解题，是阅览人把自己所阅览的图书介绍出来，供大家选读，这种解题虽然不如前一种令人信仰，但门户意见很少，易知图书内容，也可以供参考，中国古书方面在各种记录里边可以查出。

（丙）书史：书史的范围很广，就广义说，解题也包在里边；但是就狭义说，在于考订古书的真假，校勘字句的正误，就是中国的考证校勘等类的书籍。这种书史和图书有很大的关系，选择图书不可不拿他做参考。

（丁）报志：以上三种都是选择已出版或早已行世的图书，倘若选择初出版或未经通行的图书，就非得从报章杂志里边调查不可，不然就无从知道名称，这种报志又分两种，(1)图书馆所发行的，(2)普通社会上所发行的。

第二章　图书的购买

第一节　购买手续

图书选择完了以后，第二步即当购买。在个人方面购买少数图书，手续非常简单，但是图书馆购买图书，要有种种记载，第一填写请购图书目录片；第二填写购买图书清单；第三填写定购图书目录片。

购买图书，首先要调查馆内有无这种图书，除有特别情形以外，必定要馆内并无这种图书，然后可以购买。在大图书馆更应当填写请购图书目录片，经馆长许可以后，才能购买。填写请购图书目录片要注明未曾购买，也无复本，然后把著作人名书名价值发行所一一注明，送呈馆长签字，今把图式列下：

请购图书目录片

未曾购买	译著人
没有复本	书名
馆长	发行所
日期	价格
	请购人签名

经馆长许可购买的图书，然后填写购买图书清单，填写清单要把著译人名，书名，部数，册数，版数，发行所，装订，价值等项记明；

125

尤其紧要的,就是版数,有同一书名和著译人,因为增订改版的原故,内容大不相同,不可不注意。此外也有把出版年月形式大小等项记入的,其实不必。今把图式列下:

购买图书清单

图书公司

著译人	书名	部数和册数	价格	装订	版数	出版地

日期　　　　　　　　　　　　　　　　　　　图书馆

购买图书清单填写完竣,在未发出以前,要留存根,以备考查。这种存根,仍然用目录片形式,每一种图书填在一片,除著译人,书名,价格,出版地以外,更要记名发出日期或其他等项。把图式列下:

定购图书目录片

著译人	
书名	
价格	
出版地	
发出日期	
收到日期	
备考	

这种目录片是备考查的,填就以后,应按日放在抽屉里边,最好每月作一格,以便随时考查;书收到的时候,就把他取出填入收到日期,再放在另一个抽屉里边,以备考查。

以前所列请购图书目录片,在一次要买很多的图书,也可用清单形式,一单可填多书购买图书清单,若只买一两部的时候,也可用目录片形式,比较便利,是在馆员临时斟酌;至于定购图书,目录片形式,最便检查,又各图书里边著译人名和书名地位可以互易,若在小图书馆没有著译人名的目录,可把书名列在第一,比较便利,各图书馆尽可斟酌变通。

又购买报纸杂志和购买图书情形稍有不同,从什么时候起,从那一期起,每月定价多少,每年定价多少,以及邮费等项,都应当记入购买清单里边。购买报志多用预定的办法,一次定购,至少半年,至多一年,向出版处定购,或向代售处订购都可以。但是新出版的报志,根基不固,往往发行不久,因事停刊,或不能按期出版,图书馆定购要择信用素著发行已久的才好。不然,就不如临时零买,价格虽然稍贵,比较起来还少吃亏。今把购买报志清单形式列下:

购买报志清单

名称	出版处	编辑人	分数	册数	从何期定	定价	邮费

此外还有关于购买图书,通常应注意的事项,列举如下:

(一)购买大批图书,可先把清单提交多数书店,比较折扣多寡然后定购。

(二)购置旧版图书和新版图书不同,宜分别购买,不可混在一起。

(三)图书有一部分作数期出版的,购买的时候要分别记明,以免重复和遗漏。

（四）图书有未出版，先售预约券的，倘若购买，要择素有信用的书店。

（五）图书封面有布有纸，要买布封面的。

（六）图书板本有大有小，要买形式大的。

第二节　复本问题

购买图书究竟应当有没有复本，关于这种问题的议论有三派，今列举如下：

（一）反对派，

（二）赞成派，

（三）折衷派。

（一）反对派：反对有复本的，以为图书复本太多，图书部数增多，图书的种类减少。譬如藏书一万部，倘若每种都有两部，实际上只有五千种，拿可以买一万种的金钱只能买五千种，未免太不经济。

（二）赞成派：赞成有复本的，以为图书馆所藏的图书，是供多数人使用的。倘若每种只一部，有二人同时借用一种的，就无法应付，又供公共阅览，容易污毁遗失，更要有副本预备临时补充。

（三）折衷派：以上第一派近于苛细，第二派过于笼统，所以有第三派折衷的主张。这一派的意思，以为图书馆选择的图书，价值不能尽同，有最要的，有次要的，最要的必须要复本，次要的不必要复本；最要的一种买十部和次要的买十种比较起来，还有效力。又复本的购置和阅览人很有关系，同类的人阅同类的图书比较的多，阅览人多的图书，必要有复本，阅览人少的图书，不必要复本。各种图书馆里边惟有学校图书馆复本比较的多，这是因为学校同级的学生多阅同类的图书，各种图书多备复本。今把哥伦比亚大学图书馆复本增加率列举如下：

年度	1910－11	1911－12	1912－13	1913－14
复本增加率	115	190	1,240	3,523

第三章　图书的收受

　　购买的图书收到的时候,首先要把他和购买图书清单定购图书目录片对照;都无错误,然后受领,再则检点册数页数有不有脱落颠倒,然后盖藏书印,收受号数印,或收受日期印。藏书印盖在卷首或卷末都可以。收受号数印或盖在卷首,或卷末,或盖在制定的纸片黏在卷首。这两种印是必要的,至于收受日期印或盖或不盖都可以。盖印以后,并把装订松开,使开合自然,裁开章页,使阅览便利。以上各种手续完毕以后,再把图书的要件登记在册簿上面,这种登记簿如同商店财产总目录,登记越详细越好。普通登记要件分下列十四项:(一)登记号数,(二)书名,(三)著译人名,(四)出板地,(五)出版时期,(六)页数,(七)形式,(八)装订,(九)来源,(十)数号,(十一)书架号,(十二)册数,(十三)价格,(十四)备考。今把登记簿形式列后:

西文图书登记簿

Number	Author	Title

这是中缝装订的地方

Publisher	Year	Pages	Size	Binding	Source	Price	Class	Book	Volum	Remarks

这一面和前边的一面合成一个形式

中日文图书登记簿

月　　日						
登记号数	类　号	书　号	册　数	著　译　人	书　　　名	

这是中缝装订的地方

出版地	出版年	页　数	形　式	装　订	价　格	备　考

这一面和前边的一面合成一个形式

报志的登记和普通图书的登记手续相同,但为迅速便利起见,在大图书馆归阅览科收受,阅览室另有记载目录片,等到一月或数月以后,装订成册,再正式登记在原簿里边。今把报志记载目录片列后:

杂志登记目录片

（正面）

号数						名称						
年	卷	一月	二月	三月	四月	五月	六月	七月	八月	九月	十月	十一月	十二月

出版地	出版处	
价格	怎样发行 ○	每年卷数

（反面）

		定	价
定购或续订的日期	截止期	来源	实价

报纸登记目录片

号数										名称																					
月 日	1	2	3	4	5	6	7	8	9	10	11	12	13	14	15	16	17	18	19	20	21	22	23	24	25	26	27	28	29	30	31
1 月																															
2 月																															
3 月																															
4 月																															
5 月																															
6 月																															
7 月																															
8 月																															
9 月																															
10 月																															
11 月																															
12 月																															

出版地		出版处
价格	○	怎样发行

（反面）

	○		定价
定购或续订日期	截止	来源	实价

以上二种录目片，报志初收到的，就应当把各种要项一一填写清楚，怎样发行一项，尤其紧要。杂志有季刊，周刊，旬刊，不定期刊，月刊等类，月刊自然按格记载，季刊应照发行的月份记载，周刊旬刊等类在同一格内记载数次。报章也有日刊，旬刊，周刊，不定期刊等类，均应当照发行的日期记载。记载符号收到的用×，未收到的用／，等到收到，再加＼，就成了×，在同一格里边记载数次时，可用·。报志倘若有遗漏未收到的，可以通函请求补寄。

请求补寄信函，应当预先印就，临时填注，样式用信片式较方便，若订购外国文报志并应当用外国文分别预备为要。

寄赠的图书收受手续和购买图书收受手续大略相同，但是要另备寄赠目录片，先记入目录片，再记入原簿，又记载完毕以后，要把寄赠人的姓名记入小笺，黏在卷首，用志纪念，并应具谢函表示谢意。

第四章　图书的排列

图书既经收受登记,照顺序说,即宜送交编目科,分类编目,然后交藏书科陈列在书架上面。分类编目事务较繁,当另立专篇说明,今先说排列,图书的排列有种种方法,今列表如下:

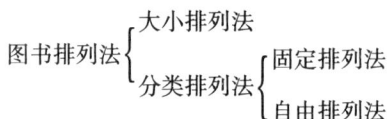

$$
\text{图书排列法}
\begin{cases}
\text{大小排列法} \\
\text{分类排列法}
\begin{cases}
\text{固定排列法} \\
\text{自由排列法}
\end{cases}
\end{cases}
$$

大小排列法:这种排列法是依图书的大小分别排列,大书放在大书一起,小书放在小书一起,放大书的格较大,放小书的格较小。照这样排列,有两种利益:(一)形式整齐,没有参差的毛病,就外观上可以引人入胜;(二)空间经济,书架没有空余地位,在同一书架里边可以多藏图书。

分类排列法:这种排列法是依图书的种类分别排列,哲学书放在哲学书一起,教育书放在教育书一起,教育书里边不杂哲学书,哲学书里边也不杂教育书。照这样排列,也有两种利益:(一)实质整齐,凡是同类都在一起,使人容易记忆;(二)时间经济,各类图书都有一定顺序,容易寻找。

以上两种排列法互有长短。分类排列法的长处,就是大小排列法的短处,大小排列法的长处,就是分类排列法的短处。初看起来似乎很难得分别他们的优劣,但照事实上看来,近来一般图书馆都用分类排列法,至于大小排列法仅古代图书馆采用,现在很少采用。这里边有两种原因:(一)图书的整顿要在内容完善,若仅讲形式,不顾实质,是仅讲外表,不顾内容,有失图书的本旨;(二)图书馆的特色要出纳便利,若仅讲空间,不顾时间,是仅讲排列,不顾出纳,有失图书馆的本旨。

分类排列法又分两种:(一)固定排列法,(二)自由排列法。

固定排列法:这种排列法是把各类图书放在一定的地位,决不移动,然后又把书架号数记入图书上面,假如图书上面号数是432.15,这本图书就在三层四列二行十五书架里边。照这样排列,一见号数,就可知道图书在什么地方,非常便利,但是添加图书的时候,移动图书的地位,各类的号数,都要改变,极费手续;纵然排列时各类后边稍留空地,预备添书,日期较久,添书较多,总要改变,况且一时多留空地,一架只能作半架使用,也很不经济,大不如自由排列法。

自由排列法:这种排列法是把分类号数记入各类图书上面,然后把各类图书,顺序排列。假如图书上面号数是432.15,这本图书就语学(400)德语(32)第十五部(15)。倘若中途添加图书,就把图书顺序推下,不必改变号数,日期较久,添书较多,书架不能容纳,随时添置书架,比较一时备置许多书架,不能尽量使用强得很多。虽然位置不大固定,在馆员练习日久,自然能够快当敏捷。不怕不易寻找,所以现在分类排列法里边多采自由排列法。

自由排列法本来是按照图书类别分别排列,但在同一类别里边图书部数很多,排列的时候也应当分别先后,因此分类以外,又应当有图书号数。图书号数记载法,卡特氏的研究用著译人名第一字母和数目字合并成立,第一字母是子韵,用第一字母和两个数目字成立,第一字母是母韵,用最初两字母和一个数目字成立。譬如布郎氏 Brown 是 B81,爱德华 Edward 是 Ed9。就数目字用法说,譬如第一字母下的字是 ABCD 二十六字母里边的第一字,数目字就用一二三四五等，在中程或最后的，也是用中程或最后的数目字，譬如 Garnier 是 G16，Gray 是 G36，Gilman 是 G42。架上倘若已有 G1、G2、G3、G4、G5，但是 G1、G2、G3、G4 里边又添新书，可加 G18、G19、G35、G37 等号，倘若又有 G36、G37 的新书，可加 G361、G362 等号数。照这样办法，G1、G18、G19、G2、G3、G35、G36、G361、G362、G37、G4、G5 等记号，都可继续增加。这些数目字不按整数次序排列、是按小数次序排列。今把排列法略举如下：

.1	.3	.37
.18	.35	.4
.19	.36	.5
.2	.361	.6

以上是西文图书号记载法，中文图书，我的意思可用著者姓名第一字的字旁做记号，如 亻2　亻3　彳4　彳5 等类。

要是图书号数记入书架签上面，书架签洋装书黏在图书脊背下边，中国装黏在图书右方下边，黏时要高低一样才整齐美观。形式不同，有两格的，有三格的，或四格的，今把图式列后：

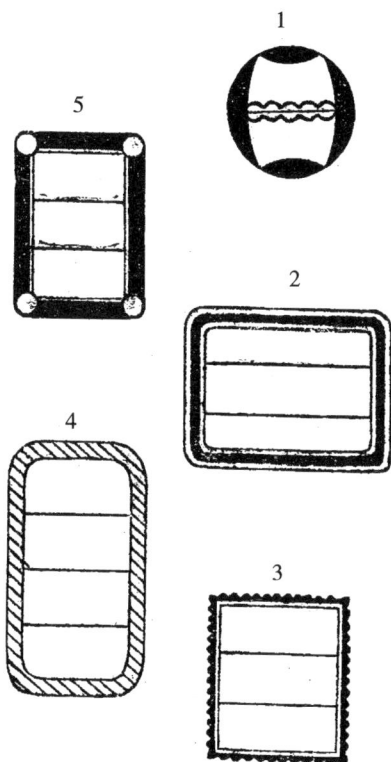

上列各图式，二格的填类号和书号，三格四格的填部数或册数，但是这种书架签是纸制的，容易损坏污毁，在洋装书多用白粉记载号数，在黏书架签处然后加涂油漆等物，免得毁坏。

又排列图书的时候，倘一架不满，要用书押扶持，免得倾倒。又中国装并应当用书套合数册做一套，使他能够直立在书架上，书架签就黏在向外直立的方面下边。

第五章　图书的阅览

第一节　阅览手续

图书既经排列在书架上面,就可以供人阅览,阅览手续很简单,阅览人入馆时从监视人手里取阅览券,然后到目录橱翻阅目录片,把自己所要阅览的图书名称号数等项记入,交给出纳台的馆员取出图书,阅毕的时候,交还图书,取出阅览券交给监视人,才许出馆。阅览券有两种:(1)一券只借一种图书的,(2)一券能借数种图书的。今分别列后:

(1)

某　某　图　书　馆		
书　　　号	著　译　人	书　　　名
坐　号……………… 姓　名………………		

某 某 图 书 馆 阅 览 券				
书　　　　　名	册　数	函　数	号　数	
月　　日	住　　所	职　　业	姓　　　　名	
第　　号				
要项				

以上第一种是美国纽约省立图书馆阅览券,第二种是日本帝国图书馆阅览券。前一种每券只借一种图书,后一种每券可借数种图书。一券只借一种图书,易于作统计,图书馆员非常便利;一券可借数种图书,易于填借券,阅览人非常便利。填写阅览券越简单越好,最要的是书号。书号填明,然后易于寻找。其次就是书名,著译人名,阅览人名等项,帝国图书馆更把职业住所记入。在儿童图书馆或阅览室内,就不必这样详细。又帝国图书馆阅览券反面把阅览手续印入做阅览人指南针,免得阅览人临时询问,这种方法,很可采用。无论一券只借一种图书或一券可借数种图书,每次阅览图书总要有限制。在帝国图书馆同时和装书不得超过三种十册以上,洋装书不得超过三种三册以上,并且把这种规则印在阅览券正面要项下边。

第二节　阅览指导

指导阅览人是图书馆重要的职务,今把关于指导事项分述如下:

(1)目录的准备;

(2)目录的使用;

(3)图书利用法;

(4)图书馆利用法;

(5)读书法;

(6)参考书使用法。

前四项是阅览科唯一的职务,不过在有图书馆素养的国家,中小学校都有图书馆课程,关于这种技能阅览人早已熟习,指导上比较容易。目录准备,在儿童阅览室要格外简单,其他事项也要简易。后两项责任更大,在大图书馆设有参考科,专备顾问,小图书馆归阅览科管理。读书法是指示一般人读书的方法,研究某科应当读某书,某书应当先读,某书应当后读,以及其他关于读书方面应当注意的事项,都得要指示,务必使不能入学校的亦可以到里边求学,就是学校已毕业的人,也可以继续研究高深学问,但是这种办法,责任重大,担任职务的馆员,要有相当的学识,不然,就不能胜任。参考使用法是指示一般人使用参考书,重要参考书,如辞典字典百科全书等类,通常排列在阅览室周围书架上面,任人自由使用,但是关于应当参考的材料,阅览人往往不知要赖馆员指导。

近来图书馆对于阅览人既然取攻势,所有应当指导的事项,平时要用揭示方法,但是普通的揭示,阅览人多不注意,揭示的时候总要设法使人能够注意,是图书馆员所当研究的。又对于临时来馆的人,倘若有不明了的情状,馆员就应当问他有什么意见,不可等到他发问以后再回答，等到发问再回答，是被动的，恐怕来馆的人因为不便发问，就把自己所有的意见打消，有失来馆人的本意。至于回答的时候要情辞恳切，意态殷勤，更不待言。

第三节　阅览监视

阅览监视是阅览科重要职务，在大图书馆阅览室，中央或两头设有监视台，监视人立在上面，监视阅览人。监视的目的有下列三种：

（1）阅览室的秩序；

（2）图书的遗失；

（3）图书的污毁。

阅览室应当肃静，大阅览室常数百人聚集一处，稍有不静，必定妨害多数人阅览。监视的要件，第一戒偶语，第二戒咳嗽，第三戒无故游行，此外其他紊乱秩序的举动都应当禁止。倘若阅览人不能遵守规则，屡戒不悛，轻则驱逐出馆，重则送警惩罚。

阅览室虽然有监视人，遗失图书的事情仍然不免，监视人应格外注意。偷窃图书单就良心上说固然不算罪大恶极，但就行为上说，有同盗贼。图书既被偷去，不但图书馆受损失，并且妨害多数阅览，公德上在所不许。所以各图书馆都特别注意，遇有这种事情发生，当付以相当惩戒。又有不偷全书仅割图书里面的篇页或画片的，极不易发觉，监视更当严密。杂志室限制较宽，更易遗失，图书馆往往用锁把杂志夹锁在棹上，也是不得已的办法。

图书馆图书终日供人使用，污毁在所不免，但是监视稍严，污毁较慢，监视方法不能专靠临时禁止，要事先预防。预防的方法最好是揭示，如用"要爱惜图书，以便他人阅览。"又"你若污毁图书，他人就不能阅览，你安心吗？"等类的话语，使人惊心触目。天良发现,自然不会污毁。

第四节　阅览时间

　　阅览时间的长短,因图书馆种类各有不同,最长的时间常从上午八点到午后十点,整天开馆,短的也有每日只开两三点钟的;大概参考图书馆较短,通俗图书馆较长,市镇图书馆常每日开馆,乡村图书馆或隔数日一开,大学校图书馆整天开馆,中小学校图书馆或儿童图书馆开馆多半在午后学校课毕的时候。总之图书馆开馆时间应当斟酌利用人的种类,随时随地规定。市镇人类复杂,职业不同闲暇的时候也不一样,图书馆开馆时间应当延至夜间十点,此外或应在夜间,或仅在日间均可,但是儿童图书馆夜间决不应当开馆。

第五节　阅览年龄

　　图书馆对于阅览人和学校对于学生不同,无论年纪多么老的,都可以到馆,本无最高的限度。但也有最少的限度,儿童性情好动,若年纪太小,不可理喻,常有喧哗声音,妨害阅览,所以儿童图书馆常加以限制,非到一定的年龄不能到馆。至于其他图书馆专为成人用的,更当有年龄的限制。成人用的图书馆至少要有十六岁,美国议院图书馆就是这样规定。又年龄大小和脑髓发达有密切的关系,年纪太小脑髓未发达,不可使用过度,儿童图书馆对于儿童年龄限制大约在十岁或十二岁,不满以上的年纪,不许入馆。规定虽觉严厉,但为保护儿童起见,却不能不是这样。

第六节　阅览费用

　　图书馆最好不收阅览费,倘若万一收费,数目等级都不可太多,每次只一二分就可,更不可分许多等级。在同一图书馆,只应当有一种,既入馆以后,无论那个阅览室都可以入坐,不再收费。又阅览人到馆阅览一天以内,中途出馆,又再入馆,已经收费,准其一天有效,不可再收。大概公共图书馆通常免费,参考图书馆可以收费,学校图书馆学生既纳学费,不应当再收馆费,儿童图书馆意在养成利用图书馆习惯,更不应当收费。以上是公立图书馆。至于私立图书馆收费不收费,在设立的人自定,但是既然以普及教育为目的,收费要不能过多,有时更应当受图书馆法规的限制,或竟不收费。

第六章 图书的贷出

第一节 贷出的范围

　　馆内阅览虽然方便,但阅览室容积究竟有限,同时不能收容多人。又馆内阅览限制较多,不如在外的自由。图书馆格外为阅览人谋便利起见,因有馆外贷出制度。馆外贷出,在图书馆史上比馆内阅览在先,就是非正式图书馆的古代藏书楼,有时因特别关系,也可以贷出,不过贷出的范围,不如现在广大就是了,现在贷出的范围可分三种说明:

　　(一)地方贷出;

　　(二)他馆贷出;

　　(三)国际贷出。

　　(一)地方贷出:地方贷出是专向当地人民贷出立的。自有图书历史以来,就有这种贷出的方法。因为公共图书馆的维持多赖地方赋税,图书的贷出,当地人民当然有一种特权。

　　(二)他馆贷出:他馆贷出是向国内其他各图书馆贷出。图书馆为辅助同业互通有无起见,往往彼此互相贷借图书。照这种办法,彼此都可以少买图书,倘有需要的时候,可向他馆借出,在不同种类的图书馆,更其相宜。但是想实行这种办法,有两件要注意的事情:第一管理上要统一;第二平时要协商。管理不统一,分类编目各种制度,彼此参差,所借来的图书,本馆馆员情形不熟,不能利用;平时不协商,图书的分配,或多或少,借用的时候必定不能周转。

（三)国际贷出:十九世纪以来,国家主义渐次推倒,各种事业都趋向大同,图书馆也应世界潮流,举行国际贷出。这种办法,始于一八九〇年,比利时和普鲁士、澳地利国际间,又一八九二年,和瑞士国际间也曾缔结互贷条约,在当时不过彼此公共图书藉相互国的外务部对于外国图书馆或一私人举行贷借,手续繁重,极其不便。现在因为国际间常开图书馆联合会,各国图书馆彼此互相联络,已经省去这种间接的手续,不要政府的介绍,实行直接递送法,就是现在欧美各国通行的国际贷出法。

第二节　贷出的方法

图书贷出要有相当的记录以备考查,记录的方法很多,图书馆学者意见不一,因时因地各有不同,不能枚举,今仅举代表的四种方法以供参考:

（一)布郎氏方法;

（二)纽瓦克方法;

（三)纽约州立图书馆方法;

（四)哥仑比亚方法。

（一)布郎氏方法:这种方法主要的是期日记入,其次就是图书记入,必要的用品有下列四种:

（甲)借书袋;

（乙)图书袋;

（丙)图书目录片;

（丁)期日票。

借书袋记入借书人姓名住所号数;图书袋记入分类号数,登记号数;图书目录片记入著译人名,书名,分类号数,登记号数;期日票盖借出或交还印。借书袋常备在图书馆,图书袋黏在图书封面下层里边,图书目录片插在借书袋里边,期日票黏在图书封面里边。借出图书的时候,把图书目录片拔出,插在借书袋里边,把期日票上盖交还日期印,把图书交给借书人,借书袋依交还日期排列收存,同一日期依分类和著译人名顺序排列,借书人交还图书的时候,依期日票分类号数取出图书目录片,插在借书袋里边,然后把图书排列在书架上。

这种方法有下列四种利益:

(一)用品经济;

(二)贷出记录简易迅速;

(三)把迟延交还的通知插在借书袋;

(四)借书袋有借书人姓名住址易发通知。

但是也有下列四种不便利:

(一)要存有很多的借书袋;

(二)交还的时候手续麻烦;

(三)数人同时借取稍有困难;

(四)从借书袋脱落的图书目录片容易散失。

(二)纽瓦克方法:这种方法也是拿期日做主位,图书做客位,必要的用品有下列四种:

(一)图书袋;

(二)图书目录片;

(三)借书特许证;

(四)期日票。

这种方法和前边一种大同小异,用品里边不用借书袋,多一种借书特许证,这种特许证记入借书人姓名住所号数限期借还日期等项,平常存在借书人手里,借书人到馆借书的时候,出纳科把借出或交还日期印在特许证,图书目录片和期日票上面,把借书人号数记入图书目录片,把特许证插在图书袋里边,连同图书一并交给借书人。图书目录片依期日先后排列收存,交还图书的时候,从图书袋拔出特许证,盖交还日期印,交给借书人,以后更依期日票做标准拔出图书目录片印交还日期。

这种方法有下列五种利益:

(一)交还时手续简单,出纳台不致有混杂的现象;

(二)图书目录片收取比较确实;

(三)依照图书目录片记可以知道交还期限和借出次数借出人名;

(四)比布郎氏特别便利的地方,就是无论那一册都有贷出记录的便利;

(五)在有分馆的时候,同一目录片无论向那一分馆借书,都可以借出或交还。

但是也有下列四种不便利:

(一)贷出的时候手续麻烦;

(二)急忙的时候,容易忘记把借书人号数记入图书目录片或误印日期;

(三)催还图书的时候,容易错误借书人号数;

(四)借书人实际借出册数,不免过多或过少。

(三)纽约州立图书馆方法:这种方法比前两种都简单,必要的用品,就是借书特许证,记入住所姓名,依字母顺序保管在图书馆,不要图书袋和期日票。贷出法很简单,借书人把所希望的书名写出,出纳科把贷出号数记在马里拉纸上面,义把借书人姓名记入,就交给图书。出纳科又备临时图书目录片,记入借书的日期,又记入图书号数借书号数在特许证上面,特许证仍然依字母顺序排列,临时图书目录片依分类次序排列。交还的时候手续也很简单,依分求图书目录片,依目录片面的氏名拔出借书特许证。临时图书目录毁弃或交给借书人作为交还证据,并印交还日期在特许证上面,依原来顺序排列。

这种贷出法,劳力和用品都要的少,不必预备图书目录片,期日票,借书袋。货出时虽然不甚迅速,在贷出数目不多的时候,当无不便,不过不记录日期,所以要时常调查日期。

(四)哥伦比亚方法:这种方法虽然比布郎氏和纽瓦克两种方法简单,却比纽约州立图书馆方法复杂,同时用三种记录:(一)图书记录;(二)借书人记录;(三)期日记录。请求借书的纸票,顺日期的次序排列,图书记录借书人记录共用一定的用纸。

以上四种方法,第一第二两种都是以期日为主,意在限制借出日期,不使稍有逾越,通俗图书馆仿行的很多。因为通俗图书馆利用的人很多,品类不齐,责任心薄弱,借出图书往往过期,所以有严厉限制日期的必要,遇有过期每日征收二分或三四分过期税,如更迟延到不能再缓的日期,可着专人催取,并得收脚力。但是两法互有利弊,第一法的利益,即第二法的不利益,第一法的不利益,就是第二法的利益,要能够去短取长,斟酌变通才好,现在所通行的是拿图书袋图书目录片图书借书特许证三种做工具。今把三种图式列下:

图 书 袋

分 类 号 数……………

图 书 号 数……………

图 书 册 数……………

登 记 号 数……………

某某图书馆

图 书 目 录 片

号 数					
著译人					
书　名					
人号	借	还	人号	借	还

借 书 特 许 证

人 号		限期			
人 名					
住 址					
书号	借	还	书号	借	还

　　这种方法和第二种方法略同,但是不另要期日票。借书特许证和图书目录片上面都记有交还或借出日期,除借书时以外特许票通常存在图书馆。又借书人要有有纳税或其他相当的资格,不然也要请有资格的人保证。今把借书人请求书和保证书列后:

号数

鄙人是有借阅贵馆图书的资格今具请求书请发给图书当遵守规则不误

　　　　　月　　　　日

　　住所

　　　　职业

　　　　　姓名

　　　　　　年龄

153

正　面

<table>
<tr><td>号数</td></tr>
<tr><td>鄙人是有借阅贵馆图书的资格今具请求书请
发给图书当遵守规则不误</td></tr>
<tr><td>月　　　　日</td></tr>
<tr><td>住所</td></tr>
<tr><td>职业</td></tr>
<tr><td>姓名</td></tr>
<tr><td>年龄</td></tr>
<tr><td>所借的图书若有损失惟鄙人是问此据</td></tr>
<tr><td>住所</td></tr>
<tr><td>姓名</td></tr>
</table>

反　面

姓名……………　号数……………

住所……………

　　图书目录片从图书袋拔出,按数照图书号数顺序排列在匣子里边,每日要另用一薄木片,标明日期,放在前边,每日如此,一经过期的,就可通告催取,过期不还的图书目录片,另辟一部安放,共分两部或四部,按过期长短分别安放,以便催索。今把安放图书目录片匣子式列后:

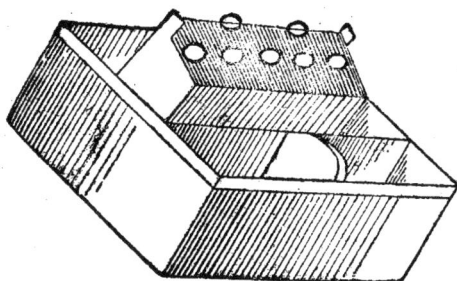

第三第四两种方法都是以图书为主,不特别注重期限,惟有参考图书馆可以仿行,因为参考图书馆借书人对于图书常有长期参考的必要,并且这种人品行比较的好,不致无故延期,即或有延期的,图书馆员都能认识,容易催取,如学校图书馆借书人,不外校内学生和教职员,期限限制就不必太严,倘有收回必要时,尽可收回。这两种方法虽然简易,但是对于交还日期毫无纪录,未免太无限制,所以近来通行的方法,倘若行第三种方法,借书特许证借书时除印借出日期以外,并印交还日期。倘若行第四种方法,在请求纸票上记有交还的期限,不过期限比较公共图书馆长就是了。

总而言之,馆外贷出手续,越简越好,非有必要时,不可使出纳稍有迟延,但有下列十事,不可不注意:

(一)使图书能够确实交还;

(二)知道借书人姓名;

(三)知道交还的日期;

(四)使借书知道交还日期;

(五)知道利用图书馆一切的人;

（六）使借书人借书不得越过制限以外；

（七）知道各种图书利用的程度；

（八）于年龄职业区别知道各种人民利用图书馆的程度；

（九）表示过期的制裁；

（十）供月报和年报统计的资料。

第三节　贷出的制限

贷出的范围既很广大，贷出的方法又很简易，图书馆对于借书人总算是取宽大主义了，但是在宽大主义里边，也有相当的制限，倘若漫无制限，必定供不应求，不但馆内阅览感不便，就是借书人也不利。贷出的制限有宽有严，今举普通所施行的列表分别说明如下：

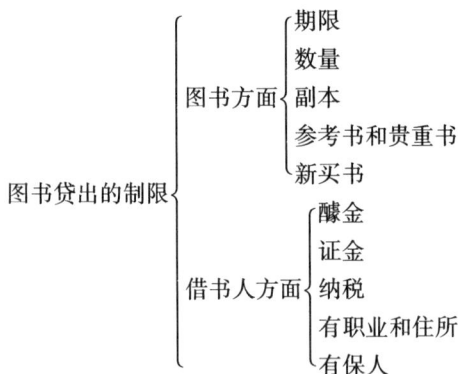

```
                    ┌ 图书方面 ┌ 期限
                    │          │ 数量
                    │          ┤ 副本
                    │          │ 参考书和贵重书
                    │          └ 新买书
图书贷出的制限 ─────┤
                    │          ┌ 醵金
                    │          │ 证金
                    └ 借书人方面┤ 纳税
                               │ 有职业和住所
                               └ 有保人
```

（一）关于图书方面：图书是贷出的目的物，贷出的制限当然从图书方面讲起。

（1）期限：贷出期限的长短不一，有长至半年的，有短至一星期的，这种标准可分三种：（甲）图书的性质；（乙）图书馆的种类；（丙）贷出的范围。小说书不妨短，其他图书可以长；通俗图书馆要短,参考图书馆要长;地方借出可以短,他馆贷出比较长;国际贷出更要长,要能斟酌适当。过短固然不能满足借书人欲望,过长也有妨碍图书的周转,所以图书的贷出,最重的是期日的限制,倘若有过期的,可以设法催取,并酌收过怠金。

（2）数量:贷出的数量有只一种的,有多至数种的,和期限一样,要有一定的制限,但是这种限制权柄操在图书馆,不如期限的困难,只要斟酌适当就可以。

（3）副本:副本的制限本是很有理由的限制,因为无副本的图书,倘若贷出有人来馆阅览,必定无法应付。但是这种限制,也是特别的,不是普通的,大概阅览最繁的图书,非有副本不能借出,若不常索阅的图书,虽然没有副本,也可借出。

（4）参考书和贵重书:重要参考书,如辞典字典百科全书等类,图书馆既不能多备,阅览人使用又频繁,所以不能贷出,至于贵重不易得的图书,当然禁止贷出,以免遗失。

（5）新买书:贷出期限总比索阅的期限长,新买的图书应当陈列阅览室书架,供人先睹为快,不能借出,日报杂志更其如此。

（二）关于阅览人方面:阅览人是贷出的客体,图书贷出,除特有图书馆是为少数人设立的,人人都可负责以外,其余公用图书馆,都是供公众使用,公众里边人类不齐,必须加以制限,然后才可免延期污损遗失等弊病。

（1）醵金:共同捐助金钱办理图书馆,谋相互的便利,捐助金钱的人,当然可以借出图书,就是临时捐助金钱补助图书馆的,也可以借出图书。

（2）证金:交纳保证金,当然可以借出图书,但这种办法手续麻烦,除古代图书馆以外,近来举行的很少。

（3）纳税:纳税分两种:（甲）普通税;（乙）图书馆税。纳普通税若干的,他有赔偿的能力,不妨贷与图书,至于纳图书馆税的,既然尽相当的义务,当然享相当的权利。

（4）有职业和住所：图书馆贷出图书，必定限于有职业和住所的。住所是通常的事件，有职业的人当然有住所，现在所当研究的，就是职业的问题。古代公家所立图书馆贷出图书，多半限于官公吏，普通人民不能借出，现在普及一般齐民，只要有相当的职业，如学生徒弟等类都可以，只问职业的有无，不问地位的高低，这是图书馆的平民化，也就是现代社会的进步。

（5）有保人：借书人倘若没有相当的职业，请有相当职业的人作保，也可以借出图书。

以上所举的各种制限，都是指地方贷出说的，他馆贷出对于图书方面虽然一样，对于借书人方面，不如地方贷出的严厉，不过先要有预约或法定，无预约或法定的，不能借书。又国际贷出可分私人和图书馆两种：对于私人和地方贷出一样，对于图书馆和他馆贷出一样。

第七章　图书的整理

普通个人读书室,书架上所排列的图书,倘若每日使用,久不整理,秩序凌乱,一则有碍观瞻,二则不便使用。这种毛病在图书馆更其难免,图书馆所藏的图书,是供多数人借阅,随时使用,川流不息,无论怎样注意,年长日久,总不免纷乱遗失,图书馆员应当注意整理。整理时间最好是在闭馆以后,倘若是终日开馆制度,可在开馆的时候,但是要分别部分,按次整理,免碍图书的使用。整理的时候,除整理次序以外,有应注意的两件事:(一)图书的检查,(二)图书的撤销。

(一)图书的检查:图书终日使用,不免遗失,整理的时候,应当注意检查有无遗失。检查的方法,一人按照书架目录,一人检点架上图书,彼此对勘,倘若发现图书不在原来地位,可记入预备帐簿,然后再和阅借图书的证券等类对照,看他是不是贷出馆外或在馆内阅览,倘若仍然查不出来,可再另用一簿记明预备以后再查。图书馆藏书常被馆员误放地位,往往一时不见,数月以后忽然发见,不得因为一时不见,就认为遗失。但是遇有时常流通的图书,应当拿新本补充,等到一年以后,毕竟查不出时,然后注销,并在登记簿上注明遗失字样。这种检查,虽然紧要,但手续麻烦,耗费时间,不免妨碍图书使用,不能照整理次序办法,随时可以整理,每年只可举行一二次。

(二)图书的撤销:图书撤销和注销不同,注销是对于已经遗

失的图书说的,撤销是对于尚在书架的图书说的,注销的图书决不
在馆内,撤销的图书不妨存在馆内。撤销图书的原因有二种:(1)
毁坏;(2)无用。图书有毁坏不堪使用,并无法装订的,自然应当
撤销,不待多说。至于无用,究竟怎样鉴别,有什么标准,那就难
说。图书本无绝对无用的,且既经选择购买,当然不能说无用,现
在所说的无用,是指普通图书馆说的。普通图书馆供一般人阅览,
应注重时势的变迁,新购图书书架不能容纳的时候,应当把稍旧不
适用的图书设法撤销,布郎氏曾定有撤销无用图书的标准。今分
类介绍如下:

(1)理学:仅抄录目前事实,经过二十年之久,已有较良的图
书出现的。

(2)有用技术:这种标准和理学一样,但专卖特许解说书,药
方书,家政书,并采有精巧图书的当保存。

(3)社会科学:关于这一类的图书,当屡有增减,如法律政治
经济教育等,更应当随时变迁。论时事的图书,有历史书出版就应
当撤销。

(4)哲学和神学:哲学史和哲学解说等书,若有更好的出版,
不妨把旧书撤销,古旧的神学书圣书注解各宗图书说教书类得任
意撤销。

(5)历史和地志:普通的游记和各种旅行指南,除关于乡土的
以外,可以撤销,但有名胜图画的不必撤销。

(6)传记:平常个人传记经四五十年以后可以撤销。

(7)语学和文学:旧文法书和普通学生所用的辞书可以撤销。

(8)诗歌和戏曲:时下诗人和戏曲家著作,业经阅览人饱读,
著作姓名并不见于文学史的,可以撤销。

(9)小说:小说著作人姓名不见于文学史的,经一二年后就可
撤销。

第八章　图书的保存

图书最忌的是潮湿和蠹鱼,保存图书的方法,就在避潮湿,防蠹鱼,今分别说明如下:

(一)避潮湿:图书避潮湿的方法关于建筑方面,要地方高燥,空气流通,前面已经说明,今仅说明管理方面的事情。管理方面避潮湿方法,就是曝晒,曝晒图书应择秋末冬初,阳历十月左右,空气干燥的时候举行。夏天空气水分很多,不宜曝晒,倘若曝晒反招潮湿。又洋装书不宜曝晒,只有展开陈列空气流通的地方,听其干燥,并且洋装图书潮湿太甚,必定解体,非另行装订不可。避潮湿要在建筑方面特别注意,不能倚靠管理方面。

(二)防蠹鱼:图书的劲敌是蠹鱼,图书一经蠹鱼咬坏,就无法恢复。防御的方法,西洋图书馆员经数百年的研究,终未明瞭,后得昆虫学家帮助才能成功。今把蠹鱼的种类和防御的方法说明如下:

(1)面粉虫:面粉虫是一种甲虫,不仅生在图书馆,凡有面粉的地方都可以发生。长约一寸的十二分之一,全身生有绒毛,脊有褐色光辉纵纹,在图书订缀的地方,到夏天五六天就孵化幼虫,从有浆糊的地方穿小孔,孔口的周围堆积如同锯屑的残余物,繁殖很速。防御的方法把炭酸化硫酸盐放在金属制的箱里边,用蒸气蒸杀,这种药品价格比较低廉,但是蒸气臭味不好,并且容易燃烧,举行的时候要远离有火的地方。

（2）斑纹虫：　这种虫是前边面粉虫里边的一种,生在普通家屋里边,直接对于图书虽然没有大害,但是他时常在木器上穿孔,倘若图书和木器接触,就不免受害。防御的方法同前边一样。

（3）蚛虫：这种虫生在皮或羊皮纸的图书上边,五六月的时候,雌虫在书的上端生卵孵化幼虫,以后就在图书里边穿孔,嚼碎图书。防御的方法,可散布炭化水素,又用炭化硫酸盐熏蒸。

（4）书虱：这种虫生在有潮湿的图书上面,夏天就出来食图书的浆糊,蚀坏缀线。防御的方法可用樟脑放在书架上。

（5）盲虫：这种虫能捕灭其他蠹虫,对于图书不但无害,并且有益,体椭圆,皮光滑,前脚较后脚大,后脚有爪,如同钓鱼针,专为捕食小虫用的。这种虫无防御的必要,但是图书里边若无蠹鱼的时候,也不必过于爱惜,因为他有时可以污毁图书,使不雅观。

（6）油虫：这种虫喜食麦粉和砂糖等类物品,毁坏图书的纸张和缝线,普通所看见的是亚细亚种,雄虫有很发达的翅膀,雌的无翅膀,四五月生卵,以后他自己就死了,幼虫孵化后,经过七八次退皮,渐渐长成,蚀坏图书。防御的方法用补虫器或用从火药所发生的气体熏蒸。

第九章　图书的装订

图书的装订,本是制本师的事业,但是图书装订的好坏和图书馆事业的盛衰,却有密切的关系,并且图书馆所藏的图书,供人使用,遇有损坏的时候,应当修理或重订,所以图书馆管理上不可不研究图书的装订。关于专门技术的不能详述,今单说图书馆管理方面应注意的事件:

(一)阅览上:装订图书第一要便于阅览,装订的时候胶太厚,脊太硬,形式虽然整齐,便于排列,但不便于开展。开展的时候用力太小,不能分开,或是既开以后,易于合一,用力太大,针缝处必定分离,书页易于破坏,又针线断碎,皮面易于脱离。最好的装订用软脊,胶类也不可过多,订缝要特别注意,总要容易开闭,便于阅览。

(二)保存上:图书装订和保存很有关系,有价值的图书,要求安全保存,装订太坏,不能耐久,经几次装订,更易毁坏。图书馆初购图书的时候,就应当注意装订,虽然代价稍高,能够耐久,比较几次装订价值还贱,和洋装订法补修稍易,但多虫害贵重图书,不可采用。西洋装订,比较耐久,但是装订的材料,也得要研究,第一书面的材料要结实,免得磨损,第二要光滑,免得沾灰,第三要能防水,才便于洗刷,最好是用又坚又软的皮革做脊背,用油布做缘边,外面的字样要有光彩,可用印度墨水或白墨水,金墨水虽然好看不能垂久远。

（三）美观上：图书馆有启发读书趣味的责任，因此装订不可不求美观。图书的美观，第一要注意体裁；第二要注意颜色。图书体裁分形式和书面，形式有大有小的区别，总要长短合式，书面或布或纸，总要配置合式。图书的颜色很多，普通所用的有浅棕色，深棕色，黑色，深蓝色，红色，褐红色，青色，深绿色等类。黑色虽有严肃气象，但是能使藏书室黑暗，不可多用，颜色太浅的，容易退色，更不可采用，其余各种颜色，都可随意采取，且只求壮观瞻，不必拘成规。美观上在儿童图书馆更其应当注意，颜色体裁都要合儿童心理才好。

图书馆遇有应当修理或重订的图书，要随时装订，倘若迁延时日，久不装订，甚至脱落页数，成为废物，损失更大。装订图书在大图书馆设有装订科自行办理，小图书馆不设装订科，请印书局代为装订，但也有人经理其事。无论自行装订或请人代为装订，必须先把应装订的图书检在一处，然后从图书袋里边把图书目录片取出，放在一定的匣子里边。又另立装订图书登记簿，记载装订情形。今把装订图书登记簿样式列下：

装订号数	登记号数	著译人	书名	册数	价格	备考	送订日期	送还日期

设若把著译人名和书名写记在图书里边，写法务必精密，洋装

书用活字排印著译人名或书名,印书人大概拿活版线数议价,图书馆要想省费,可以只写著译人的姓和简单的书名,卷数印入图书,图书号数记入书架笺。又书面纸和装订法,要是勒成定式,必须记入馆名,想甄别图书是不是别本或异版,必须把登录号记入装订图书登记簿,记法可依著作人姓名或书名顺次记载,当图书交付装订人的时候,要另用纸条写明装订方法,夹在图书里边,装订完功以后,随同图书交还。今把纸条形式列后:

书 面 印 字	装订号数……………
著 译 人 名	收受号数……………
	形式…………………
书　　　名	价格…………………
	体裁…………………
集　　　数	颜色…………………
	脊角…………………
册　　　数	边…………………
	面…………………
馆　　　名	送还图书连同原票

　　图书从装订人交还的时候,先依著译人名或书名顺次整理,然后检查各册标写的文字是不是和纸条上记载事项相合,又和装订图书登记簿对照,必定都相符合,然后查取图书目录片,插入图书袋,陈列书架上面。

为便于做统计起见,各图书每次装订都要附装订号数,依送装订先后分号的多少顺序,记载号数可用铅笔记在书面纸的第二页容易看见的地方,以后可从号数查装订登记簿,考察图书是何时装订,费钱多少。

装订费因图书的大小,规定什么图书用多少装订费,可在装订图书登记簿预先约定,本装图书依页数多少规定,可把图书大小和约定的价格预先记明,装订人交还图书的时候,先查他所索的价和约定的价是不是相合,如其相合,就把数目记入装订图书登记簿,积记满一页作一总记,日后装订图书多少,用费多少,可一望而知。

各种报志要顺序放在一处,以便装订。日报每月一订,杂志每半年或一年一订。封面上应记索引,无用的广告可以废去,但每份的封面,仍然存留,以备参考。其余应注意的地方和装订别种图书一样。

第十章　图书馆卫生

图书馆的利益,人人都是知道,虽然有些人持一偏的见解,加以非难的,也是寡不敌众,弱不敌强。但是有一件事情,经少数人传导,大家都深信不疑,几乎把图书馆当做洪水猛兽,不敢亲近。就是说图书馆是传染病的制造厂。本来图书馆的利益是藏书供多数人使用,但是一方面图书经过多数人的手,就有危险在里边,倘若阅览人里边有一个发生传染病,图书就可做媒,有人来阅览,即刻就可以传染到别人,要是借出馆外,更可以传染借书人的家庭,这种事情,实在不少。所以一般人对于图书馆或生畏惧,甚且至于极力排斥。倘若不设法挽回,图书馆前途必生很大的影响。中国图书馆很少,接触图书的人亦很少,对于这种问题,还不大注意,将来图书馆渐次加多,这种问题一定要发生,研究图书馆的人不可不加意。预防传染病方法,有人主张对于阅览人和借书人举行健康诊断。这种办法,不但手续烦难,并且不甚安全,据专门家研究,应当有下列各种防御的方法:

(一)图书馆新收受的图书,收受的时候无论是新书或是旧书,必定实行一回消毒。

(二)每年要闭锁图书馆一次,把全部图书统行消毒。

(三)对于阅览人要实行以下各条件:

(1)入馆出馆的时候要用肥皂水洗手,

(2)禁止用唾液翻书,

（3）禁止用手压书，

（4）禁止向图书咳嗽。

为实行第四条件起见，图书馆可预备稍厚的玻璃片，来馆人每人发一枚，放在图书上面，使字迹透出阅览，纵然咳嗽，痰沫不能黏附图书。

（四）出纳次数较多，沾染手垢很厚的图书，应当烧毁，用新本代替。

（五）接触有传染病人手的图书，随时举行消毒。

（六）贷出的图书，把借书人的姓名住所详细记载，和当地卫生机关接洽，倘若借书人家中有传染病发生的时候，经卫生机关报告交还的图书随时消毒。

以上所列各法，多半属于消毒一方面，消毒方法很多，最简易的又最有效力的要推白尔利司所发明的方法，用有强力防腐剂蚁酸放在特别装置的干燥炉里边，又把可疑的图书一同放在里边，加热到九十度至九十五度，使发生蒸气，实行消毒。又马尔斯氏另制关于应用的机械，依这种办法，实地举行，颇得良好的结果。马尔斯氏消毒法在未通过干燥炉以前，要拂拭灰尘，恐拂拭的时候灰尘飞扬，散布微菌，有害卫生，特制一种拂拭器，藉空气力量，使书页翻开。一方又用唧筒吸取灰尘，然后从唧筒吐入水中，叫做空气清洁法，然后把图书放在干燥炉里边，经过一定时间，再取出就完全没有毒菌了。

第十一章　图书馆统计

无论什么事业,倘若没有一定的报告,就不能够从事业务,譬如生产机关,不能不讲计算,报告生产物的价格和购买品的收益损失,这种举动实有两种目的:

(一)一方面可以满足支配人的正当好奇心,他方面对于社会可以报告自己业务成绩状态。

(二)取得业务缺陷改良等基础的材料。

为这第一种目的起见,当作统计表广播一般社会,使大家明了业务状态。为达第二种目的起见,更当编就精细报告书。不但实业界是这样,图书馆也是这样。图书馆事务纷繁,对于监督官厅或一般社会,都应当有详细报告,但是关于统计方面,不能完善,报告也就不能精确,所以统计更其紧要。图书馆统计可分下列三种:

(甲)财政统计(经费的收支),

(乙)一般统计(图书使用和保全),

(丙)财产统计(建筑物和图书馆附属品)。

(甲)财政统计:这种统计单是金钱的报告,和实业界会计簿记一样。图书馆财政统计是把图书馆经费的使用,有明了的表示,如本馆和分馆经费的分配,或图书购入费,装订费,巡回图书馆费等项,都要有统计。设若打算增设一分馆,应筹出多少经费,就可以拿这种统计做参考。照卡勒几财团规约,图书馆常年费要占建筑费和设备费的十分之一或一·五,也是从统计材料得来的。其他购入图书的数目,建筑物的大小,设立的年月,开销的日数等,都要有统计。

（乙）一般统计:这种统计事项有三:（一）图书的安全,（二）图书的状态,（三）图书的使用。今分别说明如:

（1）图书的安全:这统计是在一定期间精密调查纷失盗难等情,这种调查最关重要。现在书架上所有的册数,比较前年度是增是减,应当有详细统计。图书馆图书,不是馆长或监督长官个人的财产,是公共团体或市政厅的财产,馆长受这种团体或市政厅的委托,对于图书的安全不可不负十分的责任。

（2）图书的状态:这种统计,是关于图书污损破坏的报告,这种调查比较容易,一年间应当分别污损的程度,分类作成统计表,也是很有趣味的事情。

（3）图书的使用:这种统计,就是阅览统计。阅览统计,分册数和类别两种。册数的统计又分两种:（一）就馆内馆外的时别或种别制作,（二）就阅览人做单位去求册数。这种方法,是就时别职别地别制作,拿日期计算。类别的统计,不必和书架上分类一致,因为这种分类,不过在公众方面表示,一类和一类里边的小类都可以并立。又成人用的图书和儿童用的图书也可以一并作统计。

（丙）财产统计:这种统计无一定的式样,各图书馆都有相当的物品器具绘画等类,都可以作统计,但是笔墨纸张等消耗品,不便作统计的,可以省略。

统计本不能绝对的精确,在图书馆更其困难,即如阅览人数目固然可以从阅览票上计算,至于阅览册数在开架图书馆,或参考室,阅览人自由阅览图书,册数不载在阅览票上面,就难得调查。

统计报告式样各不相同,大概有下列三种:

（1）照一定条规习惯作成的,不管别人看得有不有兴味。

（2）单求同业的欢迎,一般社会注意不注意暂且不管。

170

（3）求一般社会的赞赏。

第一种因袭故套，现今图书馆都不采用，第二种现正通行，第三种比较有益，倘若作成下列各种统计的时候，更应当采用第三种。

（1）图书选定的规程：购入图书的种类，各类图书巡回册数和前年度或别馆的比较。

（2）图书馆经济：阅览一书所要的费用和别馆的比较，倘若程度相同，所采的阅览方法和别馆的比较。作这种统计表的时候，可以发见本馆的缺点。又费用统计或单指主要费用，或包括总费用，尽可随意；至于灯火费，阅览人收容能率，罚金高度，种种表示都可采用第三种方法。

（3）阅览人的图书利用：本馆阅览人数对于本区总人口比例率和同区别馆比较。

（4）阅览人的分布：就借书人住所考查，各处利用图书馆的人有多少，这种阅览人的分布，可用地图记入数字或用图形表示都可以。

第十二章　巡回图书馆

第一节　巡回图书馆的设立

　　巡回图书馆用书箱贮藏图书,送到各处,供人利用,有流动性质。凡是缺乏图书的地方,他都可以设立,好像军队取攻势的似的,历史虽然不长,发达却是很快。纽约市立图书馆所办的巡回图书馆,约一万多处,每年贷出图书约百万册。巡回图书馆经营的机关有两种:(一)官厅经营的,有独立图书馆的性质,美国各州厅多设有巡回图书馆,委员办理这种事情。(二)图书馆经营的,是图书馆的支部,各国大图书馆,多设有巡回图书馆,专员专办这种事情。就效用说,两种机关,无论那一种都是相等,但就便利说,图书馆经营比较的好,因为巡回图书馆仅有书箱,无一定的馆址,所有关于购书分类编目管理上重要事项,都要另有适中地点办理,惟有图书馆做主体,除设少数专员等管运送以外,其余的事情,都可由原来的馆员兼办。

　　巡回图书馆的设立,原来是供给偏僻地方人民使用,后来因为事业进步,范围扩张,虽然不是偏僻的地方,也都可以替他设立。今可以把设立巡回图书馆的处所列举如下:

　　(一)学校,

　　(二)家庭,

　　(三)图书馆,

（四）其他法定团体。

（一）学校：学校本应附设图书馆，但有时因为经济关系，自己不能设立图书馆，不得已不妨请求当地官厅或大图书馆替他设立巡回图书馆。图书馆和学校本来应当有联络，若大图书馆在各学校设立巡回图书馆，在学校方面固然可以节省经费，在图书馆方面更其可以扩充范围。这种图书馆通常设在学校教室，有人把他叫做教室图书馆。美国芝加哥最盛行。但是请求设立巡回图书馆，小学校最相宜，中学校也可勉强，至于大学校就绝对不可，因为巡回图书馆，是用书箱运送图书，为便于转运起见，图书数目总属有限，大学校人数众多，巡回图书馆实无济于事。

（二）家庭：替家庭设立临时图书馆，是美国邰鲁斯布鲁次威尔氏提倡的。有人以为他设在家庭里边，因此把他叫做家庭图书馆（日人译做家庭文库）。照他的性质说，其实就是巡回图书馆的一种，起初行于波斯顿，以后行于芝加哥，现今全美通行，纽约一州更其发达。这种图书馆是为不能利用公共图书馆或分馆的家庭设立的，结合儿童和父兄，使各求善良趣味的娱乐，或引诱这种人知道利用图书馆，是图书馆和家庭联络的良好的方法。

（三）图书馆：大图书馆经营巡回图书馆的时候，巡回图书馆就是大图书馆的支部，但是这种支部和别种支部不同，有时这种支部，可以设在别种本部，或别种支部里边，就是巡回图书馆，可以设立在分馆或规模很小的图书馆里边。就名义上说，似乎是叠床架屋。其实不然，图书分馆或小图书馆，图书太少，不敷应用，有时必须总馆或大馆接济，接济的方法，除小包寄送以外，应当有巡回图书馆，小图书馆倚赖巡回图书馆接济的，纽约最多。先是纽约各郡小图书馆，因为经费困难，图书缺乏，很有衰弱的现象。自从州立图书馆用州的经费购买图书，组织百册的巡回图书馆，于是以前委靡不振的小图书馆，居然复兴，至分馆受巡回图书馆的接济，更其众多，不必举例。

（四）其他法定团体：巡回图书馆不仅限于学校家庭和图书馆，其他法定团体如会社，工场，俱乐部，青年团等类，都可以设立，内中尤以学术团体，如讲演团读书会为最紧要。这些团体本可拿普通图书馆做根据地，不过因为一时的图书要稍多，期限也要稍长，为格外便利起见，有时应当替他设巡回图书馆。

第二节　图书的编制

巡回图书馆为便利运送起见，册数要有限制，每组从五十册到一百册，不可过多；设在家庭里边的最少，通常只有十册，设在图书馆里边最多也有一百册的。图书不在多，要能适合阅览的需要，因此不可不讲编制的法则，编制法则有三种：

（一）固定编制法；

（二）自由编制法；

（三）折衷编制法。

（四）固定编制法：为缺乏图书的地方，供给一般良好的图书，或为未设立图书馆的地方，奖励设立图书馆，都可以采用这种编制法。照管理上说，最初编成的时候，印刷一回目录以后，几回的贷出都可以照样记录，手续非常简单，但是利用的人无选择的自由。

（二）自由编制法：这种编制法意在避去同一处所巡回同一图书，因此图书的分配，随时随地不同，或由主管机关自行斟酌，或依利用人的临时请求。但是实用这种法则，比较困难，想避免每回重复起见，编制的时候，要和前回贷出的目录对照。

（三）折衷编制法：这种编制法是把同一组的图书分为两部：一部固定，一部自由。固定的由主管人自定，自由的由利用人请求。先把自定的图书印在目录，存留空白，预备填写请求的书目。

以上第一第二是纽约州所采用，纽约州先采固定法，因感不便,现在改为自由法。第三是威士康新州所采用。固定法不能适应社会,不可采用,自不待言,自由法未免太无定见,惟有折衷法,主管人有几分定见,能适应社会,又能改造社会,实最良的方法。

又编制目录还有要注意的事情,若是图书馆经营巡回图书馆,分配的图书要另有副本的,倘是没有副本的图书,分配在巡回书,有人向本馆阅借,必定无法应付。纽约州公共图书馆巡回图书馆部预备七万册副本,供给各分馆和市外各区的部落和家庭。

第三节 其他管理问题

巡回图书馆的设立,有由经营的机关自动的,有由使用的人请求的。由经营机关自动的,先把巡回图书馆可以预备的图书目录,印刷成册分发各处,供人阅览,使人知道巡回图书馆的内容,然后替他设立。使用的人请求的,必待使用人到馆请求,然后替他设立,设立的期限长短不一,从两月到一年,大概家庭里边多只两月,学校里边可以半年,公共图书馆里边可以一年。初设立的时候使用人要有代表出具领受书,以后负保管送还的责任,在设立期间,经营的机关时常派人视察管理的好坏,或指示使用方法和读书方法。设立巡回图书馆收费与否,随地方情形不同,替图书馆设立的,可以收费。威士康新州设在图书馆的巡回图书馆,每一百册每六个月交换,对于图书馆每半年征收十元的费用,三十五册的征收七元的费用,但是对于借出图书的人不必收费。贷出图书的方法,在美国因为巡回图书馆的图书,连有目录片,贷出的时候管理人用目录片记入法,在日本把目录片存在经营机关里边,贷出的时候只得用帐簿记入法。

第十三章　开架图书馆

第一节　开架的趋势

以上所说各种管理法,图书馆无处不是为阅览人谋便利,初看起来,似乎不能有所訾议,但是实际上阅览人到馆受取阅览票,翻阅图书目录,把书名和其他要件记入阅览票,交付出纳台,等待数分钟或数十分钟,才能把图书得到手,倘若图书的内容和所想借的图书不大相合,又得要受取阅览票,履行同前手续,另借别种图书。这种现象一切图书馆都不能免,耗费时间,阻丧兴趣,图书馆和阅览人都感不便。欧美各国人士早已见到。因此把这种繁琐的手续全都废出,到图书馆的直接到藏书室,自己检出架上的图书,自由阅览,就是现在所说的开架办法。

开架式的采用,是现代图书馆的特色,在力图自由的现代社会,极其相宜。英美各图书馆都竞争采用。在当初虽然有人訾议,经热心图书馆先觉的人排除万难,遂有今日的盛况。

开架式始于美国一八七九年颇他克公共图书馆。先一年十月初间,英国伦敦开图书馆大会美国有名的图书馆学者曾经加入,讨论这种办法的可否,除少数人赞成以外大家都反对。从此以后,过了十一年,美国图书馆协会总会又有这种议题,讨论结果,仍然以为全部开放,是不可能的事,只好一部开放,惟有勒尔朔氏一人本诸历年的经验,主张全部开放的可能。到了一八九〇年,开架论集出现,虽然内中反对赞成意见未能完全一致,但是第二年里赫基朔氏亟力倡导将来图书馆都要成为开架图书馆。当这个时候，克利互朗德公共图书馆实行大规模的开架。一八九一年桑港大会的时候，有这个图书馆的报告，详述成绩的良好，并以后开架式推行的顺利。一八九五年，费府图书馆初开馆的时候，就实行全部开架，给美国图书馆界一个很大的刺激。不过几年，这种制度风行全国，欧洲虽然不如美国的发达，但是把藏书一部放在自由书架，却早已施行，大英博物馆阅览室周围常陈列二万册图书，供人阅览，巴黎国立图书馆常有一万二千册的图书开放。

第二节　开架的辩难

开架的利益极其明了，不待多大的说明，但是有人以为实行这种办法，有两个难点：（一）管理的困难；（二）图书的遗失。

第一个难点，就公共图书馆设立本意说，实不成问题，因为这种图书馆是用公费维持，当然要谋公共的便利。倘若和公众有很大的便利，管理上虽然稍有困难，就不应当辞其劳苦；况且管理困难，还是想像的事情，实际施行却有些相反，不要出纳手把节省的经费充入购书费，图书馆更可以得内容充实的利益。

第二个难点，图书的遗失初想起来虽然有可警的意思，实际上却不然，若铎氏根据美国各都市的成绩做统计，在一九〇八年图书馆大会，报告一万册图书一年里边遗失的数目如下：

都市的人门	开架式	闭架式
三十万以上	七至三九	一至九
十万以上	八至四二	二至五三
二万五千以上	六至四八	五
二万五千以下	二至九	不明

据马克佛亚氏所调查遗失率最大的要算波斯少年图书馆，五

千册藏书里边一年就遗失数百册,但是管理上加以相当的注意,遗失决不能这样多。最好的例子米勒亚波里图书馆在一年里边仅遗失图书三册,和几本杂志脱落页数,不费多少金钱就可以补偿。

照以上所说,采用开架式决不怕图书的遗失,即或有几分的遗失,同时公众可以得很多的利益,所得自然可以偿所失。但是有要注意的,开架图书馆虽然要全部开放,珍贵书稀购书特别高价的图书应当闭架存在适当的地方,等到有人要求的时候然后再付给,这是开架图书馆的例外,也是不得已的办法。

第三节　开架的要件

图书馆开架虽然有利无弊,但是开架的时候不是毫无办法,纯取放任,若是毫无办法,不但无利,或且有弊,因此想实行开架,必定要有三个要件:(一)安全装置;(二)分类;(三)编目。

(一)安全装置:图书的遗失由于公德心的缺乏,欧美各国人民公德心不能说是完全无缺。其所以实行开架图书并无多大的遗失的,因为藏书室都有安全的装置。图书馆使借阅的人自由接近书架,倘若没有适当的方法管理,自由放任,遗失图书的事情一定不能免。开放书架给一般公众便利,固然是人人所希望,但是因此有图书遗失的事情,也是人人所不愿。最好用适当的方法,一方可以使大家阅览便利,他方图书也不至遗失,这种方法就是英国式的安全装置。这种方法是布郎氏所发明,在藏书室设两个门,一方入口,他方出口,各门口设自动开闭门扇,借阅人入口门扇,自然关闭一次,只许一人入内,入口出口都有馆员看守,不还以前所借的图书,不得再入藏书室。又新借阅的图书在出口受取,然后出自动开闭门扇。照这种办法,一方可以防止遗失,一方可以自由检索,两全其美,总是最好的方法了。

（二）分类：旧式闭架图书馆，大概依图书形状的大小划分区别，外形类似的放在一处，一到藏书堂，外观虽然整齐，内容却很混乱，书单靠图书号数施行出纳，图书馆员方面虽然不十分困难，但是阅借人就不大便利，不适于遇事尚敏活的现代社会的需要，前边已经说到。倘若有人为一事项到馆取阅应参考的图书，这一类的图书却东边一册，西边一册，必定因为不易检阅，失意出馆。照这种办法，纵然开架也是和大众没有好处。必须把藏书分类，关于同一事项的图书放在一处，又同一事项的图书一类里边，依著作人或其他一定的标准顺序排列给检索人的便利，因此有藏书分类的必要。又和分类排列有密切关系的，就是书架指南，藏书分类。同类图书接连排列在同一书架里边，那一类的图书在那一书架，要按照图书的种类和书架的个层分别记明设法标示，使人周知。

（三）编目：图书的目录无论在那一种图书馆，都是要紧的东西，但是在开架图书馆更其紧要，因为他种图书馆图书的出纳仰给馆员借阅的人，只要知道书名或著译人名，向出纳科提出，出纳科馆员整天在馆，情形熟习，容易检索。至于开架图书馆检索图书，全赖借阅人自身，倘若无完备的目录可以预先翻阅，一入藏书室，满架琳琅，无从取舍，所以开架图书馆编目一项，更当斟酌尽善。

第六篇　图书分类

第一章　图书分类的意义

图书分类的历史很长,自有学术以来,就有分类。希腊亚里士多德分人类知识为三大类,以后英国培根又分学术为三大类,虽然未指明是图书的分类,但是图书分类就不可不拿他做根据。谈到中国图书分类也很长久,汉有刘歆的七略,魏有荀勖的四部,虽然分出类来不大正确,到底是图书分类的起源。图书分类的历史既然是这样,他的意义究竟是怎样?据美国卡特氏所说:

图书分类是集合各种图书,选择他们性质相同的放在一处。

这句话很可以说明图书分类的意义,今再分析说明如下:

(一)各种图书:图书所以有分类的必要的,因为种类太多,不易整理,倘若只有一两种,就不必分类,因此图书分类,不可用两分法,只可用多分法。

(二)性质相同:分类是依事实或对象的同点,把他集合起来,但是这种同点,有形式的,有实质的,图书分类是采实质的,不采形式的。

(二)放在一处:分类的日的,虽然很多,但是图书分类只在便于检查,因为便于检查起见,必定把性质相同的放在一处,不是有几个类名就算完了。

第二章　图书分类的方法

关于分类的方法,欧美专家有种种的研究,美国有哈瑞士 Harris 伯肯士 Perkins 和斯密士 Smith,英国有爱德华 Edwards 和桑勒霞 Sonnenschein,意大利有波拉几 Bonazzi,德国有哈德维 Hartwig,法国有布拉勒 Brunet。但是现在推行较广,得一般人赞赏的有四种方法:(一)杜威氏 Dewey 分类法,(二)卡特氏 Cutter 分类法,(三)布郎氏 Brown 分类法,(四)美国议院图书馆 Library of Congress 分类法。

(一)杜威氏分类法(十进分类法)

000	总类
010	书目　书籍学
020	图书馆管理法
030	事汇(属于总体的)
040	丛书(专门以外的)
050	杂志
060	学会出版物
070	新闻纸
080	特殊文库
090	珍书
100	哲学
110	纯正哲学
120	特殊哲学问题
130	心身体
140	哲学系派
150	心理学
160	论理学
170	伦理学
180	古代哲学者
190	现世哲学者
200	宗教
210	自然神学
220	圣书
230	教理神学

790　娱乐

800　文学

　810　美国文学

　820　英国文学

　830　德国文学

　840　法国文学

　850　意大利文学

　860　西班牙文学

　870　拉丁文学

　880　希腊文学

　890　其他

　（二）卡特式分类法

A　总类

　A　总说

　Ae　事汇（涉于专门的）

E-G史学

　E　传记及肖像

　E-Ez　历史

　E　万国史

　E_{02}　古代史

　E_{03}　今世史

　E_{11-99}　各国历史

　Ea-Fw　年表历史哲学
文明史系图等

　G　地理　纪行

　G_{11-99}　各国地理

　Ga　古代地理

　Gf　地测及制图

900　历史

　910　地志

　920　传记

　930　古代历史

　940　欧罗巴史

　950　亚细亚史

　960　亚非利加史

　970　北亚美利加史

　980　南加美利加史

　990　大洋洲及地极史

　Gz　地图

H　社会学

　Hb　统计学

　Hc　经济学

　He　生产

　Hf　劳动

　Hi　奴隶

　Hj　运输

　Hk　商业

　Hm　货币

　Hn　银行

　Ht　租税及财政

　Hu　关税

I　众庶学，社会学

　Ic　犯罪

　Ig　慈善

186

Ih 贮蓄		Ri 森林
Ik 教育		Rj 牲畜
J 政府及政治学		Rq 化学工艺
Ju 宪法及政略		Rt 电气工艺
K 法律及立法		Ry 家政
L–q 自然界		Rz 食物
L 总说及米突本位说		S 建造术 工学
Lb 数学		Sg 建物
Lh 物理		Sj 卫生工事
Lo 化学		St 运输及交通
Lr 天文		T 器械制造手工
M 博物		U 防御术 即陆海军,人命救助,防火
Mg 地质学题 矿物学结晶学 地文学气象学		V 运动 娱乐 游技
N 植物学		Vs 体操
O 动物学		Vt 剧场
Odi 无脊椎动物		Vv 音乐
P 有脊椎动物		We 庭园
Pg 哺乳动物		Wf 建筑
Pw 人类学		Wj 雕刻
Q 医学		Wk 铸金
Q–z 技术		Wm 画学
R 总说,博览会,特许		Wp 绘画
Rd–Rg 抽出工艺		Wq 印画
Ra 采矿学		Wr 写真
Re 冶金学		Ws 装饰术
Rf 农业		X–Yf 通意术
Rh 园艺		X 言语学

187

Y　文学

Z　图书学

Za – Zk　制本

Za　著作法

Zb　修辞学

Zd　书

Zh　印刷

Zj　分配(发刊和卖出)

Zk　制本

Zp　蓄藏和利用(图书馆)

Zt　记载

（三）布郎氏分类法（调节分类法）

A. 宗教及哲学

　1．圣经

　2．教堂

　3．神教

　4．哲学

B.　历史游记及地形（国史及地形学）

　1．欧洲

　2．亚洲

　3．非洲

　4．美洲

　5．澳洲

　6．南北两极

C.　传记(辞典及丛书)

　1．个人

　2．多数

D.　社会学

　1．社会

　2．行政及政治

　3．法律

　4．法制

　5．教育

　6．商学

E.　科学

　1．生物学

　2．动物学

　3．植物学

　4．地质学

　5．化学

　6．地文学

　7．天文学

　8．物理学

　9．数学

F.　美术及娱乐

　1．建筑学

　2．油画学

　3．雕刻术

　4．装饰学

　5．雕板术

　6．音乐

7. 娱乐

G. 应用技术

　1. 工学

　2. 建筑法和机械学

　3. 制造学

　4. 农学园艺学

　5. 航海术

　6. 卫生及医学

　7. 家事学

H. 语学及文学

　1. 语学

2. 文学史

3. 书目题要

I. 诗和戏曲

　1. 诗

　2. 戏曲

J. 小说

　1. 集合

　2. 杂记

　3. 集合著作

　4. 杂志（不在他类的）

（四）美国议院图书馆分类法

A. 总记

B. 哲学及宗教

C. 史——辅助科学

D. 各国史及地形（除美国）

E－F. 美国史和地形

G. 地理和人类学

H. 社会学

M. 音乐

N. 美术

Na. 建筑学

Nb. 雕刻术

Nc. 绘图

Nd. 油画

Ne. 雕板术

Ng. 摄影术

Nk. 应用美术　装饰学

P. 语学和文学

Pn－Pv. 文学史, 文学

Q. 科学

R. 医学

S. 农学

T. 工艺学

U. 陆军学

V. 海军学

Z. 目录学和图书馆学

第三章　各种分类法的优劣

前章所举的各种方法,都是比较的良善,评论起来,各有优劣。今分别说明如下:

(一)杜威氏分类法:

(甲)优点:(1)简单,(2)有柔软性,(3)记号易记,(4)小册信札簿记都适用,(5)有详细索引目录,(6)门类轻重划一。

(乙)劣点:(1)太机械,(2)无科学上的系统。

(二)卡特氏分类法:

(甲)优点:(1)清楚,(2)和现世学术分类相似,(3)记号简易记,(4)含有弹力性,(5)注重地理分类法。

(乙)劣点:(1)排列图书的时候手续不易,(2)各类轻重不一,(3)无索引目录,(4)不熟于分类的不能使用。

(三)布郎氏分类法:

(甲)优点:(1)兼用数字和英字母记号,调和以前两法,

(乙)劣点:(1)科学和应用科学的工艺品未分清楚,(2)缺乏开展记号法。

(四)美国议院图书馆分类法:

(甲)优点:(1)极易开展,(3)适用于最大的图书馆,(3)注重地理分类法。

(乙)劣点:(1)不能适用于小图书馆,(2)缺乏学术的分类,(3)分类未完全。

照以上各种优劣的地方看起来,在理论上四种方法都有长短,很难取法,但是事实上采用杜威氏方法的比较多,这里边有三种原因:(一)用数目字记号易于通行于世界,(二)数目字记号易记次序的先后,(三)以十进位形式整齐。

第四章　新记忆的分类法

以上各种分类法,用字母做类号的,固然不容易记忆次序的先后,就是用数字做类号的,也是不容易记忆类别的地位。最近英国鲁宾孙斯密士发明一种新记忆的分类法,前年在伦敦图书馆世界 Library World 杂志上发表这种分类法,用类名的第一字母作类名的记号,各分类门目顺字母的次序排列,今把他的门别列后:

A	美术	H	历史
B	传记	I	实业
C	宗教	J	少年丛书
D	字典	K	知识
E	英语	L	法律
F	小说	M	近世语
G	希腊	N	国家经济和社会问题

各门里边又可用这种方法再分各目,即历史门里边的法国史记号,就是 HF,倘若是法国革命史记号,就是 HFR。这种分类法,他的书号也另一样,他用著译人姓的头三个字母和名的头一字母合起来做书号,譬如 Thomas Carlyle 著的法国革命史第五板记号就是 $\dfrac{\text{HFR}}{\text{Cart5}}$。

这种分类法,虽然容易记忆,但只宜于西文图书。至于中文图书,可采用日本太田为三郎的分类法,这种方法,载在日本图书馆杂志,他用帝国图书馆分类的主要数名里边比较重要的一字作类号,也很容易记忆。今列举如下:

宗教(宗)　哲学(哲)　教育(教)　文学(文)

语学(语)　历史(史)　传记(传)　地理(地)

纪行(纪)　政治(政)　法律(法)　经济(经)

社会(社)　统计(统)　数学(数)　理学(理)

医学(医)　工学(工)　兵事(兵)　美术(美)

产业(产)　事汇(事)　丛书(丛)　随笔(随)

新闻(新)　杂书(杂)

他又因为汉字笔画繁多,若更细分类,太嫌复杂,所以除第一分类用类名记号以外,以后再分就用数字记号,如同杜威分类方法,用十进位。宗教类再分类记号如下:

宗　　　　宗教总说

宗一　　　神书

宗二　　　佛教

宗三　　　基督教

倘若更要细分就更加数字。

宗一一　　神道史和传说

宗一二　　神职

宗一三　　神名及神社

宗一四　　祭典

宗一五　　祝祠祭文

宗二一　　佛教史及传说

宗二二　　僧侣

宗二三　　寺院和寺院缘起

宗二四　　佛像

宗二五　　佛事

第五章　中国古书分类法

中国古书分类,照廿四史的各艺文志看起来,历代都有变迁,到了清朝,分为经史子集四大部,经部又分十类,史部分十五类,子部分十四类,集部分五类,为适合习惯起见,自然是应当依照前法略加变通。清华学校图书馆,曾把中国经史子集用杜威氏十进记号分类如下,很可参考:

经部

000	群经类		530	谷梁
000	群经合刻本		600	四书类
010	群经总义		610	学庸
100	易类		620	论语
200	书类		630	孟子
300	诗类		700	孝经类
400	礼类		800	尔雅类
410	周礼		900	小学类
420	仪礼		910	说文
430	礼记		920	字书
500	春秋类		930	训诂
510	左传		940	韵书
520	公羊			

史类

子部

000 　诸子类	500 　医家类
000 　诸子合刻本	600 　天文算法类
010 　诸子分刻本	700 　艺术类
020 　杂家	800 　释道阴阳类
030 　类书	810 　释家
100 　儒家类	820 　道家
200 　兵家类	830 　术数
300 　法家类	900 　小说类
400 　农家类	

集部

000 　总集类	100 　楚词类
010 　文选	200 　先唐别集类
020 　古文	300 　唐别集类
030 　骈文	400 　宋别集类
040 　经世文	500 　金元别集类
050 　书牍	600 　明别集类
060 　课艺	700 　清别集类
070 　诗赋	800 　现代别集类
080 　词曲	900 　诗文评类
090 　科举文	

第七篇　图书目录

第一章　图书目录的重要

目录的学问在中国发达很早，参观历代史乘，除官有目录以外，还有私家著述的目录，里边的记载也有很详细的，编制中国古书目录的时候，很可以参考，但是他们的编制没有一定的方法，种类也不完全，对于研究学问上究竟没有多大的利益。现在外国图书馆所编的图书目录就大不相同，是随着图书馆的任务编制的，效用当然很大。

图书馆唯一的任务就是能活用图书，为实行这种任务起见，要有下列各种表示：

（一）图书馆一切藏书的表示；

（二）图书馆收藏某著者图书的表示；

（三）图书馆收藏某事项图书的表示；

（四）图书馆收藏某事件图书的表示。

表示上列四种的工具，就是预备图书目录，因此图书目录在图书馆占重要地位，是活用图书的中枢。有人说图书馆是知识的宝库，目录是宝库的锁钥，这个比喻非常的切实。

第二章　目录的种类

图书馆预备图书目录,一方面是实行图书馆的任务,一方面是适应公众的需要。为达这两种目的起见,目录的种类要各不同,目录的种类很多,可就两方面而说明:(一)实质方面,(二)形式方面。

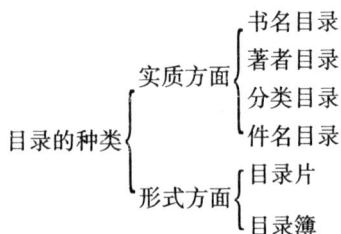

$$
\text{目录的种类}
\begin{cases}
\text{实质方面}
\begin{cases}
\text{书名目录}\\
\text{著者目录}\\
\text{分类目录}\\
\text{件名目录}
\end{cases}\\
\text{形式方面}
\begin{cases}
\text{目录片}\\
\text{目录簿}
\end{cases}
\end{cases}
$$

(一)实质方面:这种分类是就目录内容说的,记载目录的方法有种种不同,今特说明如下:

(甲)书名目录:这种目录是表示图书名称的,所以叫做书名目录。西文书按二十六字母顺序,东文书按五十音顺序,中文书按笔画顺序,作成一系统,先记入书名,次记著作人和其他必要事项,这种目录中日惯用已久,并是中日文图书目录的基础。

(乙)著者目录:这种目录是表示著者名字的,所以叫做著者目录。西文书按二十六字母顺序,东文书按五十音顺序,中文书按笔画顺序作成一系统,先记入著作人名,次记书名和其他必要事项,这种目录欧美惯用已久,并是各种西文图书目录的基础。

（丙）分类目录:这种目录根据学问上的种别,把同类图书集在一处,照这种主义作成目录,这种目录在排列多数图书最能显他的特色。中日文分类目录先记入书名,如书名目录。西文分类目录,先记入著者名,如著者目录。

（丁）件名目录:这种目录的主体是记入事件物件的,在件名下边,西文书先著作人名,中日文书先书名,件名的排列,西文书按件名二十六字母顺序,日文书按件名的五十音顺序,中文的按件名的笔画顺序。

（二）形式方面:这种分类是就目录外表说的,编制目录的形式有两种不同,今分别说明如下:

（甲）目录片:这种目录是用长方形纸片记载目录,每一片只记载一种图书,彼此独立,不相联络,如同纸牌式。

（乙）目录簿:这种目录是用长方形帐簿记载目录,每一页可记载数种图书,彼此联属顺序排列,如同册子式。

第三章　各种目录的优劣

第一节　分类目录和件名目录

实质上分类本有四种目录,除书名著者两种近来不常独立以外,所可研究的就是分类目录和件名目录。分类目录的效用比书名和著者目录都大可藉知学问的分科。倘若不知书名和著者的时候,可以按照种类顺序检阅,但是这种目录也有短处,因为分类的事情属于人为的,无一定的标准,因人不同,同一图书,在一图书馆属于甲类的,在另一图书馆又属于乙类,这种事实,很可以使人迷惑。惟有件名目录,可以免除这种毛病,因为件名目录,是拿事件或物件做标题,只要知道件名,不管他是那一类,尽可按照件名的笔画检阅,但是对于件名目录,也有当注意的,使用这种目录,记列事务彼此的关系,易涉繁杂,件名目录的目的有时反不能达到,因此不可不加以参照。

第二节　目录片和目录簿

目录簿发明最早,目录片是近来才有的,图书馆虽趋重目录片,但目录簿也未能废弃,还有存在的价值。今把他们的长处列举如下:

（一）目录片的长处：

（1）容易增加：目录片每一书名一张，倘若有新添的图书，编制目录，容易插在适当的地位，不致延误时期。

（2）容易改正：目录有错误的时候，或图书有变动的时候，可以随时改正，不必牵动全部。

（3）撤销方便：无用或遗失的图书，即时可以把目录撤销。

（4）费用省俭：印刷或誊写目录簿一次，需钱很多，增订或修改目录片一次，费用很少。

（二）目录簿的长处：

（1）容易检查：目录簿一页可记数种，一目可以数行。

（2）容易编制：目录簿同书名或同著者的图书书名著者只写第一个，其余的可以省略。

（3）容易收藏：目录簿一册可容数千种图书，不占地位。

（4）容易保管：目录簿是装订成册，不易散失，次序也很整齐，不能错乱，保管容易。

（5）阅览便利：目录簿同时可以备数册，供多数人阅览。

（6）递送方便：目录簿可以邮送他处供人阅览。

照以上各种情形看起来，目录片和目录簿互有长短，很难得分别优劣，但是现在各国图书馆阅览室，都采用目录片，最大的理由就是前边所说的，（1）容易增加；（3）撤销方便。因为图书馆随时添置新书，必使人先睹为快，至于不适用的或遗失的图书，也应当随时撤销，免占地位，有碍检阅。目录簿各图书馆也多采用，最大的理由就是前边所说的（6）递送方便，因为图书馆近来盛行贷出的制度，使不能来馆的人都知道图书的内容，可以享受图书馆的利益，这两种目录都不可偏废。

第四章　目录片制造法

目录片的制造,欧美日本都有专业,中国各南纸店也可代制。形式是长方,横四寸一分五厘,直二寸五分。上面画定界线,直线二条,横线七八条。纸用白色模造的,质要宜于钢笔记录,有弹性和坚致的,不但经久,并可以吸收墨汁。线色浅蓝,但是顶上一横线和两直线要用淡红。下脚中间穿一圆形小孔,排在抽屉里边,用金属签贯串,防备散失。此外又有标示片,形式大小和目录片一样,上方作凸形,记载类别标示,不要界线,分青色赤色两种。

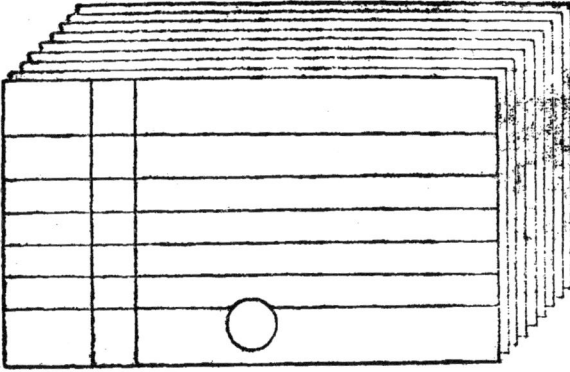

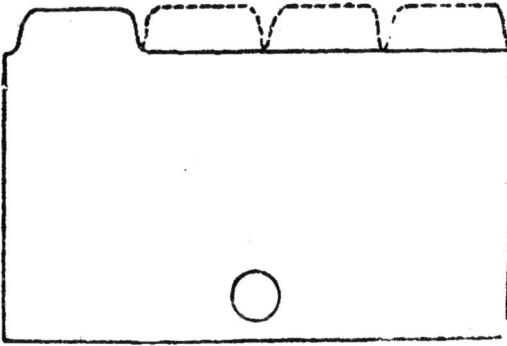

第五章　目录片记入法

记载目录最要紧的,是书名和著者,次再记入其他各事项。又件名目录必须先记入件名,以后顺序记载,今把各种目录片记载方法举例如下:

(1)
中文书名目录

226		学校卫生讲义.
312	俞	庆恩.

(2)
西文书名目录

691.942		Natural History and Antiquities
W 58	of	Setborne.
	W	hite , Gilbert.

（3）

中文著者目录

226	俞	庆恩.
312		学校卫生讲义.上海,江苏
	省	教育会.民国四年.
		83 页.

（4）

西文著者目录

591.942	W	hite,Gilbert,1720—1793
W 58		Natural History and Antiquities
	of	Setborne. N. Y. Putnam. 1901.
		386p. facsim.

（5）

中文件名目录

226		卫生——学校.
321	俞	庆恩.
		学校卫生讲义.上海,江苏省
	教	育会.民国四年.
		83 页.

（6）

西文件名目录

973.3		U. S. – History – Revolution,
T81		1775 – 1783
	T	revelyan,Sir G；O；Bort,
		American Revolution；
	New	de. …N. Y. Longman,
	1905	【 ° 1888—1905 】
		3v. maps,21cm.

（7）

中文分析书名目录

012	朱	元善.
98		图书馆管理法. 上海,商务.
	民	国五年.
		179 页（教育丛书三集第十一编）

（8）

西文分析著者目录

6137	L	agrange,Fernand,1846—
L17		Physiology of Bodily Exercise
	N.	Y. Appleton,1905
		395p. 19 $\frac{1}{2}$ cm. (International
		Scientific Ser. V. 66）

（9）
中文书名参照目录

120		朱子大全集.
98	朱	熹.
		见晦庵先生语录.

（10）
西文著者参照目录

415	H	eywood H. Byron.
H24		The Calculus for Engineers see
		Andrews Ewart S.
		Heywood H. Byron.

目录片记入法大概不外以上所列各种,各图书馆编制的时候,还可按照法规和习惯斟酌增减变通,以后更举日文图书目录编纂规则和西文图书目录编纂规则,以备参考。

（一）日文图书目录编纂规则:

（一）书名:

（1）书名以记诸卷首的为主,不可删改变更。

（2）卷首无书名,就标签封面或半封面所题,择书其最适当的。

（3）标签封面或半封面所记的书名和卷首书名不同,或同是一书而有异名的,宜加补注,并备参照。

（4）缺书名的可另选适当的名称,其不备的,设法补正。

（5）合订书和有独立书名的附录,应把书名一一分出。

（6）分期刊行的书名,可除其顺序的号数,仅标他的书名。

（二）著者:

（1）记录著者以书其本名为原则,如著者用别号或他名的时候,应加补注,以备参照,但关于文学艺术著者以其最通行的名号代他的本名的时候,也应当附列本名,并备参照。

（2）著者本名有一部分不令知的,可于不知的地方用他的别名。

（3）丛书可取编者的名,所收之书则用著者的名。

（4）府县市町村协会和其他团体所著的,取用团体的名,如有特记著者名的,应当加补注,并备参照。

（5）翻译书,校订书,注释书等,对于原著者翻译者校订者注释者均应分列记名,但注释书不载本文的,原著书人名可以省略。

（6）二人合著的就记二人,三人以上合著的,记最先一人名,应于必要也得将各著者的名一一记出。

（7）著者如系外国人,除记录著者之名外,并应揭他的国籍。

（三）出版及书写之条件:

书名和著者的后边应记下列各项,但是在括弧内的,编纂时可以随意取舍。

1 刊本写本的区别,

2 出版地,

3 出版年月,

4 版式和书写的种类,

5 出版次数,

6 卷数和册数,

7 图书的尺寸,

8 装订的种类,

9（出版人），

10（地图及肖像或不在本文中的图画）。

（四）目次备考和杂件：

（1）目次但记书名，并揭载书中难解的地方。

（2）便于搜索图书的参照和明了他的性质的备考，必一体附入。

（3）略语符号和书式宜从别定的形式规定。

（五）排列：

（1）书名和其他的排列，都按五十音顺序（中文书可按笔画）。

（2）书名和著者的名有二种以上读法的，应择最适当的排列，并附列其他读法，以备参照。

（3）书名有冠称的，可以消除，但按本称排列，如冠称取舍不定的，应于必要可附以参照。

（4）同一的书有刊本写本二种的，先列刊本。

（5）同一的书共为刊本的，先列其刊行在前的本。

附录：

概则第二的注，

（1）可记入英美法唐宋清高丽朝鲜等，

概则第三的注，

（2）记入发行所的地点，

（4）写真版形影写等，

（8）和装洋装轴帖等，

（9）无出版署名人的，可记入博文馆三省堂等发行所名。

概则第四的三项。

（一）略语：

（甲）著—著述著作撰述撰著讲述口授等，

（乙）编—编辑编纂辑录纂辑编次等，

（丙）译—翻译译述等，

（丁）注—标注傍注增注冠注等，

（戊）补—增补，

（己）写—写本，

（庚）刊—刊本。

（二）符号：

（甲）〔〕　补足文字用的，

（乙）（）　补注用的，

（丙）?　示疑意的，

（丁）、　示绝句的。

（三）书式无一定式。

（二）西文图书目录编纂规则：

（一）记入书籍应用下列各语：

1 著者姓字，倘若著者的姓名不存，就以 Anon（anonym 即〔无名〕之义）一语代他。

2 著者名的首字（Initials）须要拿最后的放在最初的部位。

3 无著者真名的时候，从他的化名（Pseudonym）。

4 丛书编辑者的名。

同时就所采各著述一一分出记入。

5 对于出版物有责任之国都市团体等的名。

6 分期刊行及不知著者名的书籍，可除他的号数，记他的最初的语，而移其号数于后部适当的地方。所谓最初的语，当除其冠词计算，示格言（motto）或分统（series）等语，冠于书名之前的，也应当除去，以其次为真正书名的第一语。

7 随本文之注释及一切翻译，可记入原书标目（Heading）之下，不随本文注释的，应于注释者名下题"就于某书的注释"，即随本文的，也应把注释者名记入原书标目之下。

8 圣书（Bible）或其一部（含有 apoerypha 者），不论是何国语，可记入 Bible 语下。

9 "犹太经传"及"回回经典"(并其一部)可记入 Talmud Koam 下边,其他宗教的圣典,可记入世人尽知者名称下边。

惟本书编辑者翻译者等之名,可附列本书参照(Reference)。

10 书籍具有二人以上之著者,可记入最初一人名字之下,其他一一附列,以备参照。

11 民事诉讼报告,可记入原告者姓名的下边,刑事诉讼报告,则记入被告者姓名的下边,关于船舶之法律事件,可记于该船舶名的下边。

12 贵族可记在他的称号(title)下的,但是他的姓名世多知的不在此限。

13 宗教上之贵显,除法王及国君外,其他的记于其姓名的下边。

14 国君除(希腊罗马之国君)凡有土之君长东方的著者和法王等,仅其最初之名见知于世的,记于最初之名的下边。

15 结婚妇人和其他更变姓名的人,皆记在其最知于世之姓名之下(大都列最终的姓名拿以前的姓名和他参照)。

16 变名 Pseudonym 得用以代他的姓名,但是要能当世知道较多为限,仍应附列本名以备参照。

17 团体可记于最初名称(除冠词)的下边,其他名称见知于世的,亦宜附列,以备参照(大概标出团体本部所在地的名称,再记团休之名称在后边,惟此以地名为团体名称之一部者为限)。

18 参照(Reference)若一著者有二个以上姓名见知于世的,不采为标目(Heading)的名称,应与采为标目的施以参照。

19 凡小说戏曲诗歌等,往往据书名检索,应当就他的书名和著者施以参照。

20 从其他所著之书名。

21 无著者姓名,就从书籍题名中的用语,

22 传记书类从主人的公名。

23 分期刊行物里边有称编辑者的名的,就从其编辑者的名。

24 从重要的翻译者(如诗歌之翻译者)及注释者的名。

25 从宗教上贵显的称号,但限于本书用此称号的。

26 其他为便于检索计,均宜施以参照。

(二)标目 Heading:

(1)以书名为标目的时候,著者姓名必须明列,又要从著者的国语,惟腊丁语最为通行,可径用腊丁语,其用他国语的,加括弧做区别(又法王及国君均可用一定的英语)。

(2)英法语姓名里边拿前置语(法语除 de 及 d')始者并前置语记入。

英法以外国语就记入前置语以后的语。

(3)英语的复合姓名,应当记其中最后一部分,他国语就记最初的一部分。

(4)就国名著者名彼此的区别,要与以相当的注意。

(5)表示著者阶级或职业的前置语,要加记标目的里边,但以该前置语称著者的时候,以限于部分为通例。

(三)书名(Title):

(1)书名所用表题纸(Title)要精密确实的为佳,不可加入订正翻译变更等事,但格言著者学位称号等重复事项,及一切不紧要的,可省略之。

示精密之必要,于可省事项宜用三点(···)为识,古书或少见本等的书名,要精密记列,假令其缀字与近代形式有异的,可一切照原形记载。

(2)为明书名之故,补入的附加,要用括弧,示与本文有别。

(3)大字(Capital letter)用法宜据规定。

(四)出版事项(Imprints):

书名之后应列事项,可按下记的顺序,但有〔〕者可随意。

1 出版次数(Edition)。

2 出版地。

3 出版者姓名。

以上三件和书名同，都用国语记列。

4 出版年用亚剌伯数字。

5 版权许可的年，如知实际出版年和表题纸面之出版年有异的，则用 C（Copyright 之略）置诸版权许可年的前边，用 P（Actual publication 之略）置诸实际出版年的前边。

6 册数（如止一册就按页数）。

7 地图肖像及不含文中的插画。

8 大小（表示大小有二法：（甲）按纸之折数示其大略如（12°，8°，4°，)等，（乙）用"生基米突"精细表示，就图幅而言，必用"生基米突"纵横表示，其法式如下：125×87cm）。

9 属于该书籍系统（Series）的名称，前记诸项既终，以后记入括弧之内。

10 古书的出版地和印刷地有异的，要于出版地后记他的印刷地。

11 页数书中各部最后页可用十之符号连续之，无页数之部分就计算他的页数记入括弧（ ）内，若有三数以上的页数，就合之而示其通计亦可。

12 书籍出版事项，要据本书籍或由他资料而得知的事实，通例据表题纸采用者（即出版之次数出版地〔出版者姓名〕及丛书名），书名要从他的国语，若有订正和附加语，可记入括弧内（地图肖像等语及册与页之略语，都可用英语记列。）

（五）目次（Contents）和备考（notes）：

备考（用英语记载）和目次应记他和书籍有关系的，均可用小形的字。

（六）杂件：

（1）单线（Single dash）表示前行标目的省略，以下单线表示省

215

略第二标目的。

（2）连积数字的单线,表示起讫的意思,数字以后的单线表示继续的意思。

（3）一语或一记列的后加? 符号的,表示推定和存疑的意义。

（4）括弧表示书名或出版事项的添加或形式上的有变更(所谓括弧的〔〕就是)。

（5）数字应用亚剌伯文,惟国君侯伯和法名的后边所用的数字(即第某世的意),常用小形的罗马数字。

（6）目录编纂上所用略语宜别据制定。

（七）排列(arrangement) :

（1）仅有姓的应放在兼有名者的前。

（2）仅有名的首字的应放在同一首字而为全名者之前(但同一人物不在此限),此等处详悉的方法要有一定。

（3）前置语 Prefix m, mc, S, st, stemessrs, mr, mrs 即 mac, sanctus, saint, = sainte, messienrs, mistress 的省略要悉照排列。

（4）一人的著述要按下例顺序排列之:

甲 全集。

乙 一部分的集。

丙 个个的著述要除冠词用书名的初语顺序排。

（5）"字母"应按英语的顺序。

（6）德语的 Ä, Ö, Ü 即 Ae, Oe, Ue 的省略,应悉照排列。

（7）人名可排列在同样地名的前边,地名可列在同样书名初语的前边。

第八篇　促进图书馆教育的机关

第一章　图书馆法规

无论办那一种事业，都要有种种法规，学校有学校的法规，工厂有工厂的法规，图书馆也有图书馆的法规。图书馆法规有两种作用，一可以做图书馆创办的根据，二可以促图书馆事务的进行。欧美各国图书馆发达很早，法规当然很完备，就是日本图书馆发达较迟的，也有种种法规。惟有中国图书馆数目既然很少，图书馆法规又很简陋，这种简陋的法规，实在是使图书馆不能发达的一大原因。

图书馆法规非常繁夥，因各国图书馆发达程度不同，种类的多少也不一样，概括的说明，可分两大部分：（一）关于设立的；（二）关于维持的。关于设立的方面又分两种：（1）经营，（2）组织。经营方面如图书馆的税则，捐助金的褒奖，建筑和设备等类都是。组织方面如评议会管理部的组织和职权，评议员和馆员的资格等类都是。关于维持方面分三种：（1）图书，（2）馆员，（3）阅览人。图书方面如图书的贷借，图书的消毒，编目规则等类都是。馆员方面如等级和薪俸，服务和惩戒等类都是。阅览人方面如权利和义务，安慰和惩戒等类都是。今再列表如下：

$$
\text{图书馆法规} \begin{cases} \text{设立方面} \begin{cases} \text{经营} \\ \text{组织} \end{cases} \\ \text{维持方面} \begin{cases} \text{图书} \\ \text{馆员} \\ \text{阅览人} \end{cases} \end{cases}
$$

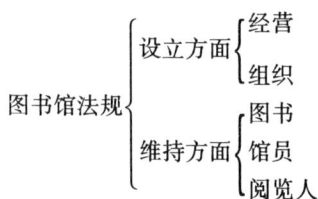

图书馆法规精细分析起来,又可分为法律规则两大类。大概经议会通过的叫做法律,普通施行的,叫做规则。编制法律多出自教育当局方面,编制规则多出自图书馆协会方面,但有时协会方面所编制的规则经议会通过,也可以认为法律的,并且协会是许多馆员集合组织的,知识充足和利害切实,所编制的法规实在比较教育当局代为编制的适用的多。近来图书馆协会团体很大,常有国际大会,因此照理论上说,法律比规则效力强,照事实上说,规则比法律范围广。中国还没有完善的图书馆协会,没有编制法规的能力,教育当局也视图书馆为无足重轻,仅是教育部方面有两种规程,当然是不够应用。

第二章　图书馆学校

图书馆法规虽然紧要,但是有治法,还要有治人,有时在同一状况里边的图书馆,收效各有不同。最大的原因就是图书馆员的关系。图书馆员的养成,在于图书馆学校。欧洲各国大学校或师范学校多设有图书馆科,间或设有图书馆学校,但是不如美国的发达,今把美国图书馆学校情形介绍于下:

美国图书馆学校始于一八八七年一月。当时仅有一处,设在哥仑比亚大学。第一期收有经验和无经验的学生,共二十名,听讲实习共四个月。第二期初开的时候还有人反对,以后毕业学生在各馆就职,有很好的效果,反对论调才渐次沈默。到了一八八九年,因校长杜威氏就纽约州立图书馆馆长职,同时把这学校移在阿尔伯勒,附属州立图书馆,遂成今日州立图书馆学校。

近来随着社会的需要,图书馆学校日见发达,已经有十六校,毕业学生约三千多名。今把校名列下:

（一）纽约州立图书馆学校　　　　　　　二学年

（二）布那得学院图书馆学校　　　　　　一学年

（三）伊里诺威大学图书馆学校　　　　　二学年

（四）威士康新大学图书馆学校　　　　　一学年

（五）丕咨伯格卡勒几图书馆学校　　　　二学年

（六）西蒙斯女子大学图书馆学校　　　　四学年

（七）威士登瑞色夫图书馆学校　　　　　一学年

(八)阿弟难他卡勒几图书馆学校	一学年
(九)西口士大学图书馆学校	二学年
(十)纽约公共图书馆学校	二学年
(十一)里阿散得图书馆学校	长期 短期
(十二)加利弗里亚图书馆学校	一学年
(十三)罗省几尔图书馆学校	一学年
(十四)圣得尔伊士图书馆学校	一学年
(十五)华盛顿大学图书馆学校	一学年
(十六)波斯顿大学商科附属图书馆科	一学年

以上十六校的组织和设备,学科和程度,都不一样,当初设立的时候,入学的不要试验,以后因为卒业学生渐次受社会欢迎,入学的日渐众多,才加几分的限制。这种限制的结果,使馆长地位可以提高,入学的人,记入入学愿书的事项,分年龄健康教育程度图书馆实务经验等件。又因学校不同,年龄也有各种限制,大概自十八岁至三十岁。

又因学校种类不同,学生造就也不一样,和公共图书馆或卡勒几图书馆有连络的,实习上有很大的便利(一年实习三百小时至四百六十五小时)。和学校附属图书馆或参考图书馆有关系的,学科的理论沿革研究沿革比较的深奥。但是无论在那一校,重要的科目,是目录编纂法,分类法,参考图书馆研究,和图书馆经济,此外又有图书馆管理法,图书馆建筑法,图书选择法,书史对于儿童的作业,和公文书等科。又因学校成立,和土地状况,特别注重某科教授方面,讲演和实习为主,两年毕业的学校,要提出关于论文或书史学上的研究。今把比较著名的学校状况略举数校如下,备有志这种学业的人问津:

纽约州立图书馆学校 New York State Library School:

(一)所在地:纽约州阿尔伯勒市 Albany。

（二）创立年代：一八八七年。

（三）校长：正校长 James Ingersoll Wyer, Dr., M. L. S. Director.,

副校长 E. M. Sanderson Vice Director.

（四）有关系的图书馆或学校：纽约州立图书馆。

（五）校款或学费：对于修业两年完全课程的学生，分下列两种征收学费：

（1）纽约州住民一百元：第一年七十五元，第二年二十五元。

（2）非纽约州住民一百伍拾元：第一年一百元，第二年五十元。

（六）年限：二年。

（七）入学资格：限于纽约州立大学认可的专门学校毕业生，二十岁以上三十五岁以下，每星期曾学习过十五小时的外国语，志愿入学的，写明修业学校的课程，填具入学愿书，交纳修业证明书，但是有时虽然不加以入学试验，却是对于学力或人品加以诠衡方才许可入学。

（八）课程　必修科目如下：

年级	科目	细目	小时	合计
一年级	图书馆管理法	美国图书馆	一五（小时）	一七五
		小图书馆管理法	二〇	
		图书馆建筑	一五	
		图书馆视察	八〇	
		儿童图书馆	一五	
		演习	三〇	
	图书馆实务	装订法	三〇	五一〇
		目录法	一六〇	
		分类法	七五	
		贷出	三〇	
		解题和标目	五〇	
		购买和收受	三五	
		印刷	三〇	
		书架排列	二〇	
		件名标目	七五	
	书史学	国民书史学	九〇	五九〇
		参考图书使用法	一二〇	
		图书的选择	三八〇	
二年级	图书馆管理法	大图书馆管理法	二五	一四〇
		图书馆视察	八〇	
		演习	三五	
	书史学	图书的选择	三三〇	六八〇
		科别书史学	二〇〇	
		公文书	五〇	
		图书史和外国图书馆史	二五	
		件名书史	七五	
	图书馆实务	目录法	六〇	二一〇
		分类法	一〇〇	
		解题和标目	五〇	

二年级要选下列各科一百小时以上。

图书实习

实业图书馆

目录法和实习

高等学校图书馆

索引和图书馆发展策

法制图书馆和同馆参考书

图书馆建筑

参考图书

参考图书馆实习

（九）称号：毕业生称图书馆得业士，B. L. S.（Bachelor of Library Science），再服务图书馆五年以上，成绩优良的，又能提出论文的，得称图书馆学士，M. L. S.（Master of Library Science）。

伊里诺威大学图书馆学校 University of Illinois Library School

（一）所在地：伊里诺威州阿尔巴勒市 Urbana。

（二）创立年代：一八九三年。

（三）校长：正校长 Phineas L. Windsor，Ph. B.，Director。

副校长 Frances Simpson，M. L.，B. L. S.，Vice Director。

（四）有关系的图书馆或学校：伊里诺威大学。

（五）校款或学费：校款依于同大学的校长所推荐的委员会议决，从大学基金里边开支，学费两年共一百九十元（杂费在内）。

（六）年限：二年。

（七）入学资格：分两种：

（1）本科生：要有四年以上的专门学校毕业生，并照章填写入学愿书交纳证明书。

（2）专科生：不要前项资格，年满二十一岁以上的都可以，但是额数有限，每级不过二三名。

（八）课程：想得毕业证书的，除随意科以外，要就下列各科按时出席。

一年级	上半年	参考图书	三	每星期一六小时
		图书的选择	二	
		实习	二	
		购买和收受	二	
		分类法	三	
		目录法	三	
		图书馆管理法	一	
	下半年	参考图书	三	每星期一七小时
		图书的选择	二	
		实习	二	
		图书馆史	二	
		书店史	一	
		图书馆发展策	三	
		图书馆管理法	一	
		贷出	一	
		印刷装订索引	二	
二年级	上半年	科别书史学	二	每星期一八小时
		高等参考图书	二	
		实习	四	
		公文书	二	
		实习	二	
		图书的选择	二	
		图书馆管理法	三	
		书史学的机关	一	
	下半年	科别书史学	二	每星期二一或二四小时
		印刷史	二	
		实习	四	
		公文书	二	
		实习	二	
		图书的选择	二	
		高等分类法	三	
		图书馆管理法	三	
		实习	一或四	

一年期满,到二年级的时候,想从事实业农业历史等专门图书馆的,得职员的许可,得选修分科大学里边的各科目代替二年级的科目。二年级的时候有一月在图书馆服务实地练习,又每年有一星期旅行,视察芝加哥圣得尔伊士和附近的各图书馆。

(九)称号:二年里边必修科目都能按时出席听讲的,称图书馆得业士。

威士康新大学图书馆学校 Library School of the University of Wisconsin:

(一)所在地:威士康新州马底孙市 Madison。

(二)创立年代:一九〇六年。

(三)校长:正校长 C. L. Lester M. A. L. L. B. , Director。

副校长 Mary Emogene Hazeltine, B. S. Preceptor。

(四)有关系的图书馆或学校:威士康新自由图书馆和威士康新大学。

(五)校款或学费:

(1)当初仰给热心家的捐助金,最近用大学经费维持。

(2)威士康新居民五十元,外人百元。

(六)年限:一年。

(七)入学资格:每年七月举行入学试验,要有专门学校毕业生的程度,人品试验和学科试验及格的才许入学。学科试验偏重历史文学时事德语法语,倘若没有图书馆经验的人,初入学的时候先要实习。

(八)课程:一年分两期,科目如下:

	目录法	五
	分类法	三
	参考图书	二
	图书的选择	二
第一学期	儿童文学	一	每星期一六小时
	书店史	一
	贷出	一
	图书馆经济	一

第一学期：目录法 五，分类法 三，参考图书 二，图书的选择 二，儿童文学 一，书店史 一，贷出 一，图书馆经济 一 —— 每星期一六小时

第二学期：参考图书 二，科别书史学 三，图书的选择 二，儿童文学 一，图书馆管理法 一，公文书 一，图书馆经济 二，实习 二 —— 每星期一四小时

此外又和大学部文学科科学科谋相互联络,为听讲的便利,取得一般的知识。又学生每年有两个月到威士康新州图书馆实习。

丕咨伯格卡勒儿图书馆学校

(一)所在地:芬西尔巴利亚州丕咨伯格市 Pittsburgh Pennsylvania。

(二)创立年代:一九〇一年。

(三)校长:John Hopkin Leete. D. Sc.。

(四)有关系的学校和图书馆:丕咨伯格卡勒儿图书馆。

(五)校款和学费:

(1)本校财政仰卡勒儿氏教育财团维持。

(2)学费和入学费一百三十元。

(六)年限:本科二年,别科一年。

228

（七）入学资格：二十岁以上三十五岁以下，入学愿书附有医师健康证明书，专门大学毕业的无试验入学，不然就要试验历史文学等科，又有信用的图书馆学校卒业生，有本校校长证明书，可以入别科一年毕业。

（八）课程：除一年级要到卡勒几图书馆实习以外，年修科目如下：

- 一年级
  - 图书馆管理法（共四七小时）
    - 儿童室的管理　四
    - 小图书馆的管理　六
    - 分馆发展策　一
    - 分馆的常务　二
    - 执务法　三
    - 卡勒儿图书馆中央贷出部练习　一
    - 部室的常务　二
    - 家庭文库和图书馆俱乐部　三
    - 图书馆建筑　五
    - 学校和图书馆的联络　三〇
    - 议院法规　四
    - 美国公共图书馆运动　三
  - 书　史　学（共计一二六小时）
    - 图书的选择　六
    - 儿童图书的选择　七六
    - 参考图书　二一
    - 讲话材料　二三
  - （共计五七小时）
    - 游戏　一二
    - 公开演说　一〇
    - 谈话　一六
    - 评论杂志的演习　一五
  - 专门技术（共计七三二小时）
    - 图书号数　二
    - 装订　五
    - 小册子　五
    - 目录法　三〇
    - 儿童部实习　五八五
    - 分类法　一五
    - 贷出　二二
    - 书和印刷　五
    - 书架排列　三
    - 讲话术　四三
    - 打字术　五
    - 解题和标本　一
    - 购买和收受　一一

二年级				
	图书馆管理法	儿童室的组织	三	共计一〇小时
		儿童室的管理	三	
		学校和图书馆的关系	四	
	书史学	图书的选择	三八	共计五二小时
		理论书史学	三	
		图书目录	三	
		图书馆史	八	
	社会研究		一〇	共计七七小时
	儿童图书目录		六七	

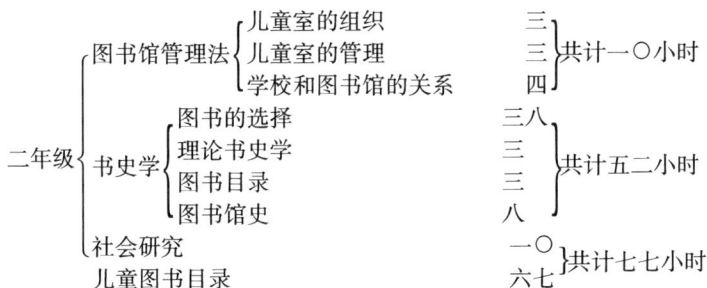

卡勒几图书馆学校,是美国唯一的儿童图书馆员养成所,普通图书馆学校毕业后,倘若再习关于儿童科目,可到这里修业一年。

第三章　图书馆讲习会

研究图书馆学问的地方,除图书馆学校以外,还有图书馆讲习会。他的宗旨在于讲习简易图书馆学的原理和应用,多半关于实务和管理方面,也有涉于书史方面的,不过比较简单。会期长约七八星期,短只有二三星期,多在夏季六七月。这种讲习会效力很大,凡从事图书馆业务和有其他职业的人员,不能入图书馆学校的,都可以入会听讲,学得图书馆的知识和技能。所以欧美各国图书馆或大学校师范学校每年暑假多半开办图书馆讲习会。

民国九年八月北京高师曾开图书馆讲习会三星期,听讲的男女共六十余人,今把他的课程列下:

(1)图书馆教育;

(2)图书馆管理;

(3)图书馆组织;

(4)建筑;

(5)分类;

(6)编目。

第四章 图书馆协会

想谋图书馆教育的发达,同业里边要有共同的组织,这种共同组织,唯一的机关就是图书馆协会。但是有要说明的图书馆协会和图书馆员劳动组合不同。美国纽约等处有图书馆员劳动组合,这种组合的分子,就是从事业务的馆员,他的宗旨是在谋馆员自身的便利,所研究的都是关于图书馆员的地位和生活问题。图书馆协会的分子,除馆员以外,其他图书馆学专家和其他著名学者都可以加入,他的宗旨是在谋图书馆事业的发达,所研究的不仅是馆员地位和生活问题,一切直接间接关于图书馆的事项都要研究。

图书馆协会凡是图书馆稍为发达国家都有,世界上惟有美国最完善,美国图书馆协会始于一八七六年,除有常住会员专门研究以外,每年开大会一次,由各会员提出问题,共同讨论,所作的事业非常之多。现在美国图书馆协会的名称 A. L. A.(American Library Association),几乎全世界都知道。就亚洲方面说,日本图书馆协会成立也很久,从一八九二年到现在已经有三十年功夫。不过说到中国,就很可怜,民国七年的时候,北京各图书馆发起北京图书馆协会,当时已经起草章程,修正通过,因为教育部不准立案,加以经费困难就停顿了。去年北京高师开图书馆讲习会的时候,有人提议组织中国全国图书馆协会,也因种种障碍,未能成立,我以为倘若想图书馆发达,图书馆协会绝对是不可少的机关。

图书馆协会所研究的范围很广,为求专攻起见,常取分业的方法。美国图书馆协会里边有很多的部分,各就专门问题分别讨论,然后报告到协会的总会。今把美国图书馆协会里边的主要部分略举如下:

(一)目录部;

(二)图书馆委员部;

(三)学校图书馆和参考图书馆部;

(四)儿童图书馆委员部;

(五)州立图书馆监督部;

以上是常设的部分。

(六)图书馆管理委员会;

(七)图书馆学练习委员会;

(八)官公文书委员会;

(九)制本调查委员会;

(十)小说调查委员会;

(十一)图书馆事项公表调查委员会;

(十二)万国关系事项调查委员会。

以上是不常设的部分。

此外还有小图书馆恳话会组合,图书馆恳话会,州立图书馆协会,图书馆监督同盟等类,虽然不常设立,也都是图书馆协会的一部分。

自从一八七六年以来,图书馆常开国际协会。一八七八年和一八九七年,伦敦开万国大会,一八九三年在芝加哥所开的大会,一九〇四年,在圣得尔伊士所开的大会,外国都派有代表到会,又一九一〇年,在比利时的不鲁舍勒开书史学大会,曾讨论下列各事:

(一)现时书史学和图书搜集事业的一般状态;

(二)对于图书搜集的国际同盟;

(三)事务上和行动上的一致;

（四）各国共通的方式；

（甲）目录编纂法；

（乙）分类法。

教育事业，本不分国界，加以国际协会，彼此更能交换知识，图谋统一，图书馆前途当更不可限量。倘若中国全国图书馆协会仍然不立，国际协会永不能派员赴会，有许多利益不能享受，图书馆事业更难进步。

第五章　图书馆报志

　　图书馆报志,对于图书馆教育,也有很大的帮助。图书馆报和图书馆杂志,表面上看起来,似乎没有多大的区别,其实不然。图书馆报,是图书馆的公告机关,兼从事图书馆学的研究。图书馆杂志,是图书馆学的研究机关,兼记载一切图书馆的状况。图书馆报的发行机关是图书馆,图书馆杂志的发行机关,多半是图书馆协会,稍大的图书馆都可以发行馆报,图书馆杂志,除协会以外,非很大的图书馆不可。今把比较著名的图书馆杂志,略举如下,以备参考:

The Library World. London.

The Librarian. London.

The Library Journal. New york.

Public Libraries. Chicago.

A. L. A Bulletin. Chicago.

图书馆杂志　日本图书馆协会发行

以上各种英文杂志都可以从书局订购,惟日本图书馆协会发行的图书馆杂志,是非卖品,不能订购,用图书馆名义函索,可以寄赠。

第六章　图书馆广告

商店有商业广告,图书馆有图书馆广告。商业广告所以招来顾客,图书馆广告所以招来阅览人,目的大略相同。图书馆广告分下列三种:

(一)书画式:这种办法是用文字或图画做广告,发表的方法可利用报志或牌示,并且可以把印刷品分散阅览人或一般人民。

(二)讲演式:这种办法,是用口头或电影做广告,发表的方法,可利用谈话会讲演会或活动电影。

(三)展览式:这种办法,是用陈列品做广告,发表的方法,可开展览会,把图书和其他的物件陈列阅览室,又利用商店窗户陈列图书,使人就便阅览。

图书馆广告的要件,在能使人注意,引人入胜,养成读书的趣味,愿意都来馆阅借图书,详细研究,更要兼通广告术,至于他的内容,大概不外下列三种。

(1)图书馆的利益;

(2)图书馆利用法;

(3)新出版的图书。

附　录

图书馆规程

十九年五月六日教育部公布

第一条　各省及各特别市应设图书馆储集各种图书供公众之阅览如各市县得视地方情形设置之

第二条　私法人或私人得依本规程之规定设立图书馆

第三条　各省市县所设之图书馆称公立图书馆私法人或私人所设者称私立图书馆

省立或特别市立图书馆以省或特别市教育行政机关为主管机关

市县立图书馆以市县教育行政机关为主管机关

私立图书馆以该图书馆所在地之教育行政机关为主管机关

第四条　省立或特别市立图书馆设置时应由主管机关呈报教育部备案市县立图书馆设置时应由主管机关呈报教育厅备案呈报时应开具下列各款

一　名称

二　地址

三　经费（分临时与经常二项并须注明其来源）

四　现有书籍册数

五　建筑图式及说明

六　章程及规则

七　开馆日期

八　馆长及馆员学历经历职务薪给等

私立图书馆由董事会开具前项所列各款及经费管理人之姓名履历呈请主管机关核明立案并由主管机关转呈上级教育行政机关备案

图书馆之名称地址经费建筑章程馆长保管人等如有变更时应照本条之规定分别呈报

第五条　公立图书馆停办时须由主管机关呈报上级教育行政机关备案私立图书馆停办时须经主管机关准核并由主管机关转呈上级教育行政机关备案

第六条　公立图书馆除搜集中外各书籍外应负责收集保存本地已刊未刊各种有价值之著作品

第七条　图书馆为便利阅览起见得设分馆巡回文库及代办处并得与就近之学校订特别协助之约

第八条　图书馆得设馆长一人馆员若干人

馆长应具下列资格之一

一　国内外图书馆专科毕业者

二　在图书馆服务三年以上而有成绩者

三　对于图书馆事务有相当学识及经验者

第九条　图书馆职员每年三月底应将办理情形报告于主管机关

第十条　省市县立图书馆及私立图书馆之概况每年六月底由省教育厅或特别市教育局汇案转报教育部一次

第十一条　私立图书馆以董事会为设立者之代表负经营图书馆之全责私立图书馆董事会有处分财产推选馆长监督用人行政议决预算决算之权

私立图书馆董事会之董事第一任由创办人延聘以后由该会自行推选

第十二条　私立图书馆董事会应于成立时开具下列各款呈请主管机关核明立案并由主管机关转呈上级教育行政机关备案

一　名称

二　目的

三　事务所之地址

四　关于董事会之组织及职权之规定

五　关于资产或资金或其他收入之规定

六　董事姓名籍贯职业及住址

上列各款如有变更须随时呈报主管机关

第十三条　私人以资财设立或捐助图书馆者得由主管机关遵照捐资兴学褒奖条例呈报教育部核明给奖

第十四条　本规程自公布日施行

立案之出版图书应以一部送赠国立图书馆呈
五年三月八日教育部呈准

查英法各国出版法中，均规定全国出版图书，依据出版法报官署立案者，应以一部送赠国立图书馆庋藏，日本自明治八年设立帝国图书馆后，亦采用此制，法良意美，莫尚于兹。京师图书馆正在筹备进行，似可仿行此制，拟请饬下内务部以后全国出版图书依据出版法报部立案者，均令以一部送京师图书馆庋藏，以重典策，而光文治。

教育部通咨各省长三都统京兆尹川边甘边
宁海镇守使请通饬各省县图书馆注意搜集
保存乡土艺文文
民国五年十一月二十日

为咨行事,查各省县设立图书馆,为社会教育之要务,收藏各书,除采集中外图籍外,尤宜注意于本地人士之著述;盖一地方之山川形胜民俗物产于乡土艺文,载之恒详,不第先民言行古迹留遗,足资考证也。查山东济南图书馆藏书目中有山东艺文一门,网罗颇富,而他处图书馆留意及此者尚少,亟宜参照济南图书馆办法,于本地艺文刊本广为搜集,即未出版者,亟宜设法借钞庋藏,以免历久放佚,收藏既多,使来馆阅览者直接以生其爱乡土之心,即间接以动其爱国家之观念,于社会教育裨益实非浅鲜。除分行外,相应咨行贵省长都统镇守使京兆尹,请烦查照,转饬所属各地方图书馆遵照办理,此咨。

县知事转知内务部通饬保管公私藏书
及板片印刷等物公函
九年五月

迳启者,本年五月五日奉教育厅训令开案,奉省长公署训令内开案,准内务部咨开准国务院函开,奉大总统发下顾问叶恭绰呈条举振兴文化八事,奉指令交国务院暨内务教育两部分别查核办理等因,到部。原呈内列保存各省公私藏书并官局书版及印刷物各条,据称前清各省书院等多有藏书,改革以还,弦诵久辍,窃取盗卖,覆瓿当薪,均所难免,是宜通令保护。又清初藏书之家,江浙最盛,数传而后散佚渐多,海禁未通,辗转迁移,尚在本土,今昔异势,东西海泊满载而去,高文典册,日即沦亡。是宜维持。苟有故家不能守其世业者由中央政府或地方政府自治团体等公为购买,用存国宝。又称康熙乾隆两朝,官纂书籍极多,皆由武英殿刊版传布,道光而后,各省官书局出书亦夥,迭经扰乱,散失堪虞。又各省通志及府县志版存于各省旧府县学或旧府县署者,均有关地方文献,为比较切实有用之书。是宜通令及时检点,妥实保存,或择要印行,或补其阙坏等语。查本部厘定之保存古物暂行办法,关于历代碑版及旧刊书帖,曾经通行保存在案,此次该顾问所称各节,核与部定保存古物办法用意相同,应请按照原呈通饬将公私藏书及旧刻书籍版片印刷器物一律切实搜求,分别设法,酌议简章,责令司其事者妥为保管,并将官私所刻书籍目录分别检送开送到部备查。又版片数目完全者,详细开列,残缺者,亦查明开报;如系要籍,或设法补刊,冀免销沈。相应咨行贵省长查照办理,并希见复为荷,等因。准此合亟令仰该厅应按照咨开各节分别办理,具报核咨,此令等因,奉此,合亟令仰该知事按照,令饬各节分别办理具报,其有已设图书馆者,即令图书馆遵照办理,报候核转,此令,等因,奉此相应函致贵馆请烦查照,希即酌量办理,是所至企,此致县立图书馆。

释藏经典颁给规则
九年十月二日公布

第一条　颁给释藏经典以下列各款为限

　　一奉大总统特令颁给者　二依照管理寺庙条例第四条之规定因表扬而颁给者　三经内务部转呈大总统令准颁给者

　　曾经颁给释藏经典因故损失致不完全者得呈由地方官署查明咨经内务部转呈　大总统核准补给之

第二条　凡呈请颁给释藏经典须由请经者声叙需用经典理由并觅具北京官刹住持二人以上证明书呈请内务部转呈核准但请经者如非僧寺由主管官署咨部核办

前项所称北京官刹以柏林寺贤良寺法源寺拈花寺广通寺觉生寺万寿寺大觉寺香界寺卧佛寺为限内务部对于请经者如认为无颁给之必要时得拒绝其呈请

第三条　颁给释藏经典奉　大总统令准后须由领经者迳呈内务部或主管官署咨行内务部请领

第四条　颁给释藏经典经内务部准领后由领经者自备工料觅工印刷

关于印刷规则另定之

第五条　颁给释藏经典须由内务部发给证书并向受经者缴收领证费二十元

前项证书地方官署于必要时得查验之

第六条　颁给释藏经典不得转卖或赠予于他人但呈经官署核准者不在此限

前项转卖或赠予经官厅核准后受经者须向内务部补领证书仍须缴纳领证费

第七条　颁给释藏经典装运出京时由内务部验封经箱发给护照并咨财政部税务处转饬沿途关卡查验放行免纳税厘

第八条　本规则自公布日施行

释藏经典印刷规则
九年十月二日

第一条　印刷释藏经典每年定为两届其期间以三月至四月及九月至十月为限

第二条　颁领释藏经典由受领者自觅商人承印但同一届内不得分用印刷商人二处以上

前项印刷商人如领受者不在京时得委托柏林寺住持代觅之

第三条　印刷商人承印释藏经典须遵守下列各规定

一不得将经版运出寺外工作　二不得损坏版片　三不得偷印私卖　四不得多印篇张　五不得字迹模糊　六经版印毕上架不得次序凌乱

第四条　承印商人觅妥后应由柏林寺住持加具切结担保该商确能遵守前条各款之规定呈报内务部核准如所觅商人未能遵守规则经部查出有可疑时得由部迳行指定妥实商人办理

内务部为前项核准后即传知柏林寺住持遵照每届印刷规定期间择期开工

第五条　每届印刷柏林寺住持须将启库及竣工日期分别呈报内务部

第六条　每届印刷由内务部派员督同柏林寺住持监视一切自开库之日起至竣工之日止

第七条　佛教徒众或其他个人因讽诵超见于每届印刷时得选择经典取具柏林寺住持切结呈请内务部核准附印但每人至多不得过十种每种至多不得过十份

第八条　承印商人于印刷时有损坏版片及多印篇张或字迹模糊者均应负赔偿之责

第九条　领受经典者及承印商人如未经呈准之前私自偷印或贩卖营利及受他人属托附带私印者除将工料充公外并予柏林寺住持以相当之处罚

第十条　印刷经典期内禁止闲杂人等随意入寺但遇有团体或个人来寺参观经部员许可者不在此限

第十一条　柏林寺住持于印刷开工及工毕出寺时应举行佛事或经忏及请经者应备香供礼物均依照向来习惯办理

244

第十二条　本规则自公布日施行

释藏经版保管规则
九年十月二日公布

第一条　释藏经版向存柏林寺官刹由内务部督同柏林寺住持遵照本规则认真保管

第二条　释藏经版按照字号分置柏林寺前后院东西四殿定为四库所有各库现存经版字号数目架别暨其次序均详细填列表册存内务礼俗司备案

第三条　经版各库库门均用内务部礼俗司封条封锁责成柏林寺住持加意看守

第四条　每年自初伏日起至末伏日止须将各库窗牖一律开启以透晾潮湿其窗牖启闭时均由内务部派员监视之

前项透晾潮湿期内各团体或各个人得赴寺参观但须内务部礼俗司核准

第五条　柏林寺住持对于经版须遵守下列各规定

一各库门非奉部司传知或允准不得擅自启封　二各库窗牖除透晾时期外应同各库库门一律关闭　三每岁透晾期内暨印刷工毕后须将各库扫除洁净并将门窗一律糊裱完整　四平时不许有人在库内焚点香烛并不得于各库贴近举火吸烟　五各库房屋应注意认真查视遇有雨漏墙斜等事随时修理完固不得稍有渗漏倾塌

第六条　柏林寺住持对于前条各规定有奉行不力致损及经版者应负赔偿之责

第七条　释藏经版于每届印刷后由本部派员按照表册详细检查遇有木架损坏版片阙损及次序凌乱者应随时修补改正

第八条　本规则自公布日施行

中华图书馆协会组织大纲
十八年一月中华图书馆协会第一次年会在南京议决

第一章　名称

第一条　本会定名为中华图书馆协会

第二章　宗旨

第二条　本会以研究图书馆学术发展图书馆事业并谋图书馆之协助为宗旨

第三章　会员

第三条　本会会员分四种

（一）机关会员　以图书馆或教育文化机关为单位各地图书馆协会为当然机关会员

（二）个人会员　凡图书馆员或热心于图书馆事业者

（三）永久会员　凡个人会员一次缴足会费二十五元者

（四）名誉会员　凡于图书馆学术或事业上著有特别成绩者

第四条　凡会员入会时须由本会会员一人之介绍经执行委员会通过得为本会会员

第四章　组织

第五条　本会设执行委员会及监察委员会

　　　　甲　执行委员会

第六条　本会设执行委员十五人由会员公选之

第七条　执行委员会设常务委员五人由执行委员互选之

第八条　执行委员任期三年每年改选三分之一惟第一任执行委员任期一年二年三年者各五人于第一次开执行委员会时签定之

第九条　常务委员任期一年

第十条　每年改选之执行委员由执行委员会照定额二倍推举候选执行委员由会员公选之但于候选委员以外选举者听之

第十一条　执行委员会之职权如下

（一）规定进行方针

（二）筹募经费

（三）编制预算及决算

（四）通过会员入会手续

（五）推举常务委员及候选执行委员

（六）执行其他一切事项

第十二条　执行委员会细则由该会自订之

乙　监察委员会

第十三条　监察委员会设监察委员九人由会员公选之但监察委员不得兼任执行委员

第十四条　监察委员任期三年每年改选三分之一惟第一次监察委员任期一年二年三年者各三人于第一次开监察委员会时签定之

第十五条　每年改选之监察委员由监察委员会照定额二倍推举候选监察委员由会员公选之但于候选委员以外选举者听之

第十六条　监察委员会之职权如下

（一）监察执行委员进行事项遇必要时得向全体会员弹劾之

（二）核定预算及决算

第十七条　监察委员会细则由该会自订之

第五章　经费

第十八条　本会经费以下列各项充之

（一）机关会员年纳会费五元

（二）个人会员年纳会费二元

（三）永久会员一次纳会费二十五元作为本会基金

（四）捐助费

第六章　选举

第十九条　本会执行委员及监察委员由机关会员及个人会员票选之

第七章　会议

第二十条　本会每年开年会一次其地点及会期由前一年年会决定之但遇必要时得开临时会

第二十一条　本会开年会时各机关会员得派代表一人出席

第二十二条　执行委员会及监察委员会开会时间地点由各该会自定之

第八章　事务所

第二十三条　本会设事务所于北平

第九章　附则

第二十四条　本大纲如有不适之处经执行委员会或监察委员会过半数或会员二十人以上之提议大会出席会员三分之二以上之通过得修改之

图书馆学用语英汉对照表

这个对照表是日本图书馆协会编译的载在图书馆杂志第十六号里边我把他抄在这里关于译名地方并且有许多的改正

A

B

C

D

E

256

Governing bodies of libraries ························· 图书馆监督团体

Guides ·· 索引

H

Half titles ······························· 同 Bastard titles

Headings ·································· 标目

Head – lines ································ 页头标题

Holiday opening ····························· 假期开馆

Home – binding ····························· 馆装订

Home use of books ························· 图书私宅使用

I

Illuminated books ······················· 装饰入本

Illustrated books ························· 绘入本

Illustrations ···························· 插图,插画

Illustrators ···························· 插画的人

Imperfect copies ························· 不完本,残本

Imprints ······························· 出版事项

Inaugular dissertartions ·················· 学位论文

Incunabula ····························· 古版本,珍书

Indexes ·································· 索引

Indexing ································ 索引编成法

Indicators ······························ 指示器

Initials ································· 首字

M

259

N

O

R

S

T

U

V

W

Y